Die Autorin dankt:
Sabine Frank für ihre genialen Kürzungen
Ingrid Radewaldt für ihre konzeptionelle Idee
Margret Grimm für das große »B« für die »Bildende Kunst«
Eva Römer für ihr blitzgescheites Lektorat und
die wunderbare Zusammenarbeit

ISBN 978-3-938045-78-7

Texte Ulrike Müller
Redaktion Eva Römer
Gestaltung Kuni Taguchi
Herstellung Karin Kotzur, Peter Karg-Cordes
Lithografie Jan Russok
Druck und Bindung Neografia, Martin

Besuchen Sie uns im Internet unter www.esverlag.de

ULRIKE MÜLLER

SALON FRAUEN

Leidenschaft, Mut, geistige Freiheit

zwischen
Romantik und Moderne

ELISABETH
SANDMANN

INHALT

6 EINLEITUNG
Leidenschaft, Mut, geistige Freiheit: Salonfrauen zwischen Romantik und Moderne

12 DIE SPRACH- UND SPRECHLUSTIGEN: LITERATUR UND MEHR
Caroline Schlegel-Schelling 1763–1809
Rahel Varnhagen 1771–1833
Sinaida Wolkonskaja 1792–1862
George Sand 1804–1876
Natalie Clifford Barney 1876–1972

46 DIE INTELLEKTUELLEN: ZWISCHEN POLITIK UND PHILOSOPHIE
Marie d'Agoult 1805–1876
Fanny Lewald 1811–1889
Berta Fanta 1866–1918

70 MUSEN, MÜTTER, MEISTERSÄNGERINNEN: SCHWERPUNKT MUSIK
Amalie Beer 1767–1854
Johanna Kinkel 1810–1858
Livia Frege 1818–1891
Carolyne von Sayn-Wittgenstein 1819–1887
Pauline Viardot-Garcia 1821–1910
Winnaretta Singer-Polignac 1865–1943

106 JÄGERINNEN UND SAMMLERINNEN: SCHWERPUNKT BILDENDE KUNST
Valtesse de La Bigne 1848–1910
Berta Zuckerkandl 1864–1945
Marianne von Werefkin 1860–1938
Gertrude Stein 1874–1946

136 *Register (Auswahl)*
137 *Bildnachweis*

IM MITTELPUNKT STAND STETS DIE DAME

»Der Salon war (...) das höchste Ziel der Pariserin, der Trost ihrer reifen Jahre, der Ruhm ihres Alters.
... Sie verwandte ihre ganze Intelligenz darauf, opferte ihm alle übrigen Neigungen,
erlaubte sich von dem Augenblick an, in dem sie sich dazu entschlossen hatte, keinen anderen Gedanken mehr,
keine Zerstreuung, keine Zuneigung, keine Krankheit, keine Traurigkeit.
Gattin, Mutter und Liebende war sie nur mehr in zweiter Linie.«

Marie d'Agoult, in ihren Memoiren (Bd. 2), um 1835

Was ist ein Salon?

Der Salon gehört zu den interessantesten Phänomenen der europäischen Geistesgeschichte und kann in seiner Bedeutung kaum überschätzt werden. Als wesentlich von Frauen initiierter und gestalteter Raum einer vielseitigen Gesprächs- und Geselligkeitskultur auf der Schwelle zwischen Privatheit und Öffentlichkeit symbolisiert er ein zentrales Kapitel weiblicher Kulturgeschichte. Zugleich meint »Salon« einen Kreis von Menschen, der sich auf Einladung einer Gastgeberin hin, der *Salonnière*, regelmäßig zu einer »festen Stunde« und in einem konstanten Rahmen in deren Räumen trifft. Zu den Charakteristika des Salons gehört die spezifische Wechselwirkung zwischen gesellschaftlicher Teilhabe und Ausgrenzung von Frauen in den jeweiligen historischen Epochen. Bildungshunger infolge des weiblichen Ausschlusses von Gymnasien, Universitäten und Berufsausbildung war ein wesentlicher Motor der Salonkultur. So boten die Salonnièren nicht nur sich selbst, sondern auch ihren Gästen einen unkonventionellen Freiraum für intellektuellen Gedankenaustausch, Dichtung, Philosophie und Politik, Musik und Bildende Kunst. Das geistige Tun war häufig verbunden mit Spiel, lukullischen Genüssen, Theateraufführungen, Wanderungen oder Besuchen. Esprit, Witz, Gesprächskunst und Lebensweisheit der Gastgeberin, ihr Interesse an Menschen und »Gesprächsgegenständen« und die Atmosphäre ihrer Räumlichkeiten zogen Gäste aus verschiedenen Ländern, Kreisen und gesellschaftlichen Bereichen an. Meist entstand ein engerer Kreis von *Habitués* (von frz.: *être habitué à* = gewöhnt sein an), ständigen Salongästen. Die besondere Wertschätzung der älteren Frau in der Salonkultur verweist auf deren matriarchale Seite. Bei der Spurensuche nach bedeutenden Salonnièren kristallisieren sich drei tragende Traditionslinien und gesellschaftliche Gruppierungen heraus: erstens: Regentinnen und Repräsentantinnen des Adels an den europäischen Höfen; zweitens: hochgebildete, oft adlige Vertreterinnen der freien und käuf-

»Der Salon der Madame Geoffrin«, Gemälde von Anicet Charles Gabriel Lemonnier, 1812, Musée national du Château de Malmaison

lichen Liebe, die eher ›neben der Gesellschaft‹ lebten: Hetären, Kurtisanen, auch Künstlerinnen; drittens: Frauen aus dem Großbürgertum und Bürgertum, besonders Frauen des liberalen Judentums.

Woher kommt eigentlich das Wort »Salon«?

Der Begriff »Salon« im oben genannten Sinne setzte sich erst zögernd im 19. Jahrhundert durch. Ursprünglich bezeichnete er den Empfangssaal eines Schlosses und ist erst ab 1664 im Französischen in Gebrauch. Von 1737 an bis ins 19. Jahrhundert hinein hießen die nur den Mitgliedern der französischen *Académie Royale de Peinture et de Sculpture*, der späteren *Académie des Beaux-Arts*, vorbehaltenen Kunstausstellungen im Pariser Louvre, in dem bis 1682 die französischen Könige residiert hatten, »Salon«. Der Aufklärer Diderot nannte daraufhin seine ab 1759 erscheinenden kunstkritischen Aufsätze »Salons«; Heine machte ihm das später nach (1833–37). Erst 1807 verwendete Madame de Staël in ihrem Roman »Corinne« das Wort im Sinne von geistigem »Gesprächsraum«. Ab etwa 1840 wandert die Bezeichnung auch in deutsche Kreise. Ein inflationärer Wortgebrauch und der reale Niedergang des Salons Ende des 19. Jahrhunderts bescherten der Kulturgeschichte *Salonlöwen*, *Salonmusik* und *Salonorchester*.

Wie lange gibt es schon Salonkultur?

Die Tradition des Salons reicht bis in die Antike zurück. Im alten Griechenland gab es *Symposien*, im höfischen Mittelalter *Cours d'amour* und die vom Dichter der Artussage eingeführte *Tafelrunde* (frz.: *table ronde*), in der Renaissance *Musenhöfe*, in der französischen Frühaufklärung und Aufklärung *Samedis, Mardis* und die Pariser *Bureux' d'esprit*, in der deutschen Klassik und Romantik *Lese- und Freundschaftstage*, *Lesekränzchen*, *Tischgesellschaften* und die *literarischen Tees* der

Berliner Jüdinnen. Der Salon war von Anfang an eng mit der Idee einer europäischen Einheit verbunden und emanzipierte sich zum Ende des 18. Jahrhunderts zunehmend von den Höfen. In Petersburg entstanden erste literarische *Cercles* in Bibliotheken, in Paris, Berlin und Leipzig wurde um 1830 zu musikalischen Salons und *Soireen* auch in bürgerliche Häuser geladen. Nach den demokratischen Aufbrüchen der 1848er Revolution erstarrten Ende des 19. Jahrhunderts viele Salons im deutschen und österreichischen Kaiserreich zum *Repräsentationsraum* für das höhere Beamtentum. An der Schwelle zum 20. Jahrhundert traf man sich in München in *literarischen Kaffeegesellschaften*, im neuen Jahrhundert in Berlin, Wien, Paris oder Petersburg zu *Jours fixes* mit avantgardistischen KünstlerInnen. Eng mit der Salonszene der frühen Moderne verbunden waren die KünstlerInnentreffs in Prag, die Budapester, Wiener, Berliner und Pariser *Cafés* und auch die *Clubs* der Londoner Avantgarde. Naziherrschaft und Zweiter Weltkrieg setzten, mit wenigen Ausnahmen, der Salonkultur ein Ende. In den 1950er und 1960er Jahren traf sich in Städten wie München wieder dieser oder jener Adelskreis. In Paris gab es bis in die 1960er Jahre noch einige exklusive *déjeuners littéraires*, auch später luden vereinzelt Intellektuelle wie die Philosophin Julia Kristeva (*1941) zu sich ein. Nach der friedlichen Revolution 1989 setzten sich VertreterInnen verschiedener Parteien und Verbände wie einst die Ritter von Artus am *Runden Tisch (table ronde)* zusammen, um einvernehmliche politische Entscheidungen zu treffen. In Berlin entstanden Begegnungsorte wie der *Salon in Beton* im Stadtteil Marzahn, initiiert von der Grafikerin und tätigen Salonfrau Gisela Kurkhaus-Müller. Zurzeit gibt es in Metropolen wie Berlin oder Wien eine ganze Reihe von Kreisen, Gruppen und kommerziellen Veranstaltungen im bewusst inszenierten individuellen Rahmen, die *Salon* genannt werden. *Talkshows* oder *Talkrunden* im Fernsehen zeigen in der Regel nach wie vor das Gegenteil von Gesprächskultur, während *Chatrooms* und *Internetforen* als digitale Salonvarianten interessante neue Möglichkeiten eröffnen.

Salonkultur zwischen Romantik und Moderne

Das 19. Jahrhundert war, trotz Phasen der Erstarrung wie in der Restaurationszeit, das Jahrhundert der großen Bewegungen: wirtschaftlicher, sozialer, politischer und künstlerischer. Der technische Fortschritt beförderte grenzüberschreitende Kommunikation; Bücher und Zeitungen kursierten auf allen Ebenen, es wurde mehr denn je gereist. Adlige und bürgerliche Frauen, bildungshungrig, unternehmungslustig, schreibbesessen, mischten sich zunehmend öffentlich ein, sympathisierten mit europäischen Befreiungsbewegungen, engagierten sich für die Republik, die Frauenrechte oder die Künste, verließen ihre Gatten, verliebten sich in Künstler, eröffneten Salons. Es entwickelte sich eine europäische Salonszene, die auch durch reisende Salongäste in Gang gehalten wurde: Schriftsteller wie Heinrich Heine, Hans Christian Andersen oder Iwan Turgenjew, Autorinnen, die selbst zu sich einluden, wie Bettina von Arnim, George Sand oder Fanny Lewald, Künstlerinnen und Künstler wie Jenny Lind, Clara Schumann, Franz Liszt oder Hector Berlioz. Von den Anfängen der Romantik bis zum Einsetzen der Moderne boten die Salons eine solche Vielfalt von Formen und Themen wie in keiner anderen Epoche. Während

Frauen wie Caroline Schlegel-Schelling noch die Vielseitigkeit der Gesprächskultur mit einem ganzheitlichen emanzipatorischen Anspruch und der eigenen literarischen Begabung verknüpften, wurden in anderen Salons deutlicher als im 18. Jahrhundert inhaltliche Schwerpunkte gesetzt. Neben der bleibenden Bindung an Sprache und Literatur entwickelten sich politische und philosophische, musikalische oder künstlerische Akzente, wurden innovative KünstlerInnen und Richtungen gefördert. Daher erscheint es mir lohnenswert, Sie, die LeserInnen, dazu einzuladen, Ihren Blick einmal bewusst auf die Leistungen der Salonnièren in den wichtigsten Einzelbereichen zu richten – natürlich ohne dass sie darauf reduziert werden sollen. Marie d'Agoult kommt zum Beispiel nicht als ›Muse‹ Franz Liszts im Kapitel Musik vor, sondern als Inhaberin eines republikanisch ausgerichteten Salons im Kapitel Politik und Philosophie. Die Themen werden im Buch in ihrem historischen Nacheinander vorgestellt, lassen sich aber auch wie eine ›Synopse der Vielfalt‹ lesen.

Trotz verstärkter thematischer Schwerpunktsetzungen ab Mitte des 19. Jahrhunderts luden die Salonnièren weiterhin Gäste aus unterschiedlichen gesellschaftlichen Bereichen ein; häufiger gehörten jetzt Politiker mit dazu. Anders als im akademischen Bereich, wo sich die Fachdisziplinen immer stärker voneinander separierten, blieb das Interesse an grenzüberschreitender Kommunikation im Salon zentral. Auch die Salonnièren, oft Mehrfachbegabungen, blieben vielseitig. So förderte Berta Zuckerkandl Künstler des Wiener Jugendstils, aber bei ihr wurde auch Hofmannsthals »Jedermann« aufgeführt. Von Beruf war sie Journalistin, agierte aber während des Ersten Weltkriegs auch als Geheimdiplomatin.

Ein Bereich blühte in der Romantik auf wie nie zuvor: der musikalische Salon, und zwar in Verbindung mit der Professionalisierung künstlerischer Berufe für Frauen: Sie wurden Sängerinnen, Pianistinnen, Komponistinnen, Pädagoginnen. Manche von ihnen, wie Pauline Viardot-Garcia, nahmen den Dirigierstab zur Hand, führten zugleich einflussreiche Salons und förderten neue musikalische Entwicklungen. Während sich im letzten Drittel des 19. Jahrhunderts vor allem die französischen Maler zu neuen Ufern aufmachten, entschieden sich auch in Ländern wie Russland immer mehr Frauen für ein Leben als Malerin, und einige wenige, wie Marianne von Werefkin, die später in München einen Salon führt, studierten schon. Parallel dazu entstanden Ende des 19. und Anfang des 20. Jahrhunderts Salons, in denen sich Frauen als Förderinnen und Mäzeninnen für neue Kunstrichtungen engagierten. Einen letzten Höhepunkt der Salonkultur entfesselten avantgardistische Dichterinnen in St. Petersburg und die Künstlerinnen der Pariser *Left Bank.*

Damenwahl

Wie viele Salons und Salonnièren es im 19. Jahrhundert tatsächlich gab, ist bisher nicht bekannt, aber fest steht, dass die Auswahl, die ich für dieses Buch getroffen habe, eine verschwindend geringe Anzahl hervorhebt. Natürlich gehören bekannte Frauenpersönlichkeiten wie Rahel Varnhagen dazu, aber es gab auch hochinteressante Neuentdeckungen wie zum Beispiel Winnaretta Singer-Polignac. Einige ›Stars‹ hingegen werden in der Auswahl fehlen, darunter die berühmteste Musikmanagerin in der zweiten Hälfte des

19. Jahrhunderts: Cosima Wagner. Weshalb? War sie doch zur Salonnière geboren und wusste all das, was sie von ihrer Mutter, Marie d'Agoult, gelernt hatte, bis in jedes Detail zu perfektionieren. Doch Cosima Wagners unglückliche Kindheit warf einen langen Schatten auf ihre Geschichte, den sie ihr Leben lang nicht wieder loswurde. Nachdem ihre Salonambitionen in Berlin, untergraben durch die gewalttätige Tyrannei ihres ersten Ehemannes Hans von Bülow, scheiterten (der Erfolg der jüdischen Salonnièren dort war mit ein Grund für ihren späteren Antisemitismus), widmete sie ihre reichen Begabungen nicht eigener Musikausübung oder der Gesprächskultur, sondern dem Geniekult um einen Mann – ihren Mann, Richard Wagner – und dem Unternehmen Bayreuth. Kultur- und sozialgeschichtlich betrachtet, tat sie damit einen Rückschritt. Auf der anderen Seite habe ich Salonfrauen ausgewählt, die Ideen und Lebensentwürfe zu verwirklichen versuchten, auf deren emanzipatorisches oder künstlerisches Potenzial ein Teil ihrer ZeitgenossInnen mit Missbilligung, Spott oder moralischer Aburteilung reagierte, weil sie nicht dem Bild einer Dame der ›besseren‹ Gesellschaft entsprachen. Als eine solche ›Undame‹ galt auch Johanna Kinkel zu ihrer Zeit. Sie gehört mit in meine Auswahl, denn sie half das traditionelle Frauenbild zu differenzieren und zu verändern.

Der Traum vom Salon

Die Mehrzahl der Frauen, die zu sich nach Hause einluden, verband damit nicht nur den Wunsch nach Amüsement und Steigerung ihres privaten und öffentlichen Ansehens, sondern wollte auch einen Traum in die Tat umsetzen: den Traum von einem zwanglosen, geistig, künstlerisch und atmosphärisch inspirierenden Miteinander von Menschen, die sich in Alter, Herkunft, Geschlecht, nationaler Zugehörigkeit, politischer, religiöser und sexueller Orientierung, in ihrem Wesen und Geworden-Sein zwar voneinander unterscheiden, einander aber, unabhängig davon, achtungsvoll begegnen. Ein paar Stunden lang trafen sie sich – manchmal waren es vielleicht nur fünf Personen, doch konnten es auch 200 werden –, sammelten sich um die Gastgeberin an einem Tisch, vor einer Teetasse, um ein Buch, ein Bild, ein Musikinstrument. Ein paar Stunden lang sprachen, lachten, lasen, stritten, genossen oder musizierten sie *auf Augenhöhe* miteinander, gestalteten einen kurzen Nachmittag oder entwarfen lange bis tief in die Nacht hinein ihr Leben, ja erprobten es sogar bis hin zum geselligen Experiment eines »Lebens als Gesamtkunstwerk« wie einst in der Jenaer Frühromantik. Ihre Begegnungen fanden gewissermaßen auf einer abgelegenen Insel statt, auf der es einmal nicht ums Siegen ging oder um Effektivität, nicht darum, Recht zu behalten, Vorurteile zu bestätigen, der oder die Reichste oder Erfolgreichste, Schnellste oder Beste zu sein. Hier war spontaner Esprit gefragt, ging es um musische Begabung und Leidenschaft, die gemeinsame Lust an Sprache, am Denken und am Gespräch. Und neben der Kunst des Erzählens ging es auch um die Kunst zuzuhören.

Viele jener Wünsche, Ideen, Träume hängen auch an den Gegenständen, mit denen jene Räume einst, vor Eintreffen der Gäste, ausgestaltet wurden – an all den Kanapees und Sesseln, straff gepolstert oder durchgesessen, den zahllosen Stühlen, runden oder eckigen Tischen, Sekretären mit Schreibgerät, Brief- und Bü-

Literatur: Verena von der Heyden-Rynsch: Europäische Salons. Höhepunkte einer versunkenen weiblichen Kultur. München 1992 | Annette Kuhn (Hrsg.): Die Chronik der Frauen. Dortmund 1992 | Beate Neubauer: Europäische Salonkultur. Eine Vortragsreihe. Berlin 1997 | Ingeborg Weber-Kellermann: Frauenleben im 19. Jahrhundert. München 1998 | Petra Wilhelmy-Dollinger: Die Berliner Salons. Berlin/New York 2000 | Ulrike Müller: »Ganz ermüdet von scherz- und ernsthaften Reden«. Das Leben als Gesamtkunstwerk. Textheft zur Ausstellung »Stationen europäischer Salonkultur« im Romantikerhaus Jena. Jena 2002 | Werner Faulstich: Die bürgerliche Mediengesellschaft (1700–1830). Göttingen 2002

cherstapeln und vielleicht! einer Partitur, an Dichterbüsten und Porträts von Damen und an deren Klavieren, an Tausenden von Gläsern, Tassen und Tässchen, Samowaren, Kaffeekannen und Kerzenhaltern, Tüchern, Tellern, Teppichen, Tapisserien, Bordüren oder Vorhangstoffen, an Gemälden mit naturalistischen Landschaften oder kubistischen Stilleben. Heute füllen sie als Zeugen und Zeugnisse die Magazine oder Ausstellungsräume in Museen, warten auf eine lebendige Deutung, die, ausgehend von funktionaler, stofflicher und stilistischer Zuordnung, immer wieder irgendwann bei einer Ausgangsidee ankommen wird. Niemals wird diese wunderlich-wunderbare Anhäufung von Faktischem von der Ideengeschichte loskommen, ebenso wenig wie die Ideengeschichte vom Faktischen. Und das utopische Moment einer jeden Epoche gehört zu beidem.

Dass in Wirklichkeit alles ganz anders war, wusste auch Rahel Varnhagens Bruder Ludwig Robert, als er »*Die edlen Freuden des Berlinischen Thee's*« beschrieb:

»Lampen und Kerzen / Brennende Lichter / Erloschene Herzen / Gemachte Gesichter.«

Die Anwesenden gähnten ebenso herzhaft, weil die Weile immer länger wurde, während der Herr Geheimrat (81) zum 93. Mal dieselbe Geschichte von seinem zahnlosen Zahnarzt zum Besten gab, diesmal in Form einer 15-strophigen Ballade. Der als neuer Salonstern vorgestellte Pianist war weder neu, noch strahlend noch konnte er Klavier spielen, doch der Bösendorfer-Flügel war wie immer zuverlässig verstimmt und infolgedessen dazu bereit, sich nach den vielen Gebeten von fast ebenso vielen Jungfrauen auch noch ein weiteres Mal erschlagen zu lassen, sodass der einzige ausländische Gast, der bayerische Hauptmann und ehrenamtliche Laienprediger (68), der gerade unüberhörbar in seinem Heimatdialekt mit der Anzahl der letztens von ihm erlegten Hirsche (diesmal nur Hirsche) geprahlt hatte, keine Veranlassung sah, während der musikalischen Darbietung die Stimme zu senken – obwohl ihm ohnehin niemand zuhörte. Indes die Gastgeberin Anna-Isabella von der Fritzenhöhe (75) mit unüberhörbar schweigendem Missmut ihre selbst kreierte Sachertorte wieder abräumte, die offenbar außer dem Pianisten wieder einmal niemandem geschmeckt hatte ... – Nein, so war es natürlich auch nicht.

Zum guten Schluss möchte ich unbedingt noch eine Warnung aussprechen: Achtung, dieses Buch ist tendenziös! Denn ich, die Autorin, will nicht allein einen möglichst sachgerechten Eindruck von Salons und Salonnièren, Kulturgeschichte und weiblichen Lebensleistungen zwischen Romantik und Moderne vermitteln, sondern bin, über das Faktische hinaus, selbst von der Leidenschaft für die *Utopie des Salons* ergriffen. Und wie so viele Frauen vor mir lässt es mich auch heute noch nicht los, jenes Wunschbild von einem real ausgestalteten und zugleich imaginären, geschützten – und doch offenen – herrschaftsfreien, von Frauen gestalteten Raum, in welchem es ein paarmal im Jahr, an einem bestimmten Tag, zu einer bestimmten Stunde, anders zugeht als in den Durchgangszimmern oder fest installierten Kammern des Lebens. Und in unbewachten Momenten springen Funken jenes »Anderen« hoffentlich dorthin über ...

Ulrike Müller, im Sommer 2013

DIE SPRACH- UND SPRECHLUSTIGEN:

Literatur und mehr

Wenn wir uns die Geschichte der Salonkultur anschauen, stellt der »literarische Salon« darin den umfassendsten Bereich dar; dabei wurde der Begriff selbst erst nachträglich eingeführt. Das Attribut »literarisch« bezieht sich auf zwei Ebenen: auf den Umgang mit der Sprache und auf die Inhalte der Gespräche. Auf der ersten Ebene war ein Salon immer »literarisch«, weil es darin stets um eine bewusste – kritische und schöpferische – Verwendung der Sprache ging. Auf der zweiten Ebene war er literarisch, wenn über »literarische Gegenstände« gesprochen wurde. Dabei meint literarisch sowohl den ›Stoff‹ selbst, zum Beispiel einen Roman, als auch die Auseinandersetzung damit. – Hier lässt sich nun die Frage nicht länger zurückhalten: Was war und ist überhaupt mit »Literatur« und »literarisch« gemeint? Das Verständnis und die Verwendung der von lateinisch *litera* (= Buchstabe(n), Aufzeichnungen, Brief, Bücher) abgeleiteten Begriffe hat sich mehrfach geändert und ist bis heute nicht klar zu fassen. Bis Ende des 18. Jahrhunderts war mit »Literatur«, im Sinne der Aufklärung und deren Verständnis einer universalen *Gelehrsamkeit (»res publica literaria«)*, die Gesamtheit der schriftlichen geistes- und naturwissenschaftlichen Äußerungen gemeint, unter die als *»schöne Wissenschaften«* (*»belle lettres«*, später: *Belletristik*) auch Poesie, Dramen, Romane und die Debatte darüber subsumiert wurden, nachdem ab etwa 1750 das Interesse daran stark gestiegen war. Die fortschrittlichen Salons dieser Epoche, meist *Konversationssalons* genannt, wiesen eine entsprechende thematische Bandbreite auf. Im 19. Jahrhundert kam es noch einmal zu einer Bedeutungserweiterung des Literaturbegriffs: Nun bezeichnete er die Summe aller mündlichen und schriftlichen Überlieferung (einschließlich Noten). Parallel dazu wurde der Begriff auf den Bereich der »sprachlichen Kunstwerke« eingeengt. Die Breite des Bildungsverständnisses der Aufklärung ließ sich im 19. Jahrhundert nicht mehr halten, da die Wissenschaften sich immer weiter spezialisierten. Die in diesem Kapitel vorgestellten »sprach- und sprechlustigen« Salonfrauen Caroline Schlegel-Schelling, Rahel Varnhagen, Sinaida Wolkonskaja, George Sand und Natalie Barney vertraten dennoch weiter ein ganzheitliches Bildungsideal und gestalteten ihre Salons entsprechend vielseitig. Alle waren selbst als Autorinnen tätig.

Voraussetzungen und Vorformen des literarischen Salongesprächs lieferten Antike, Mittelalter und Renaissance. Nach den Lehrdialogen der Antike, in denen es vor allem um philosophische Erkenntnis ging, stand im poetischen Dialog des höfischen Mittelalters, der nach ritualisierten Spiel- und Sprachregeln geführt wurde, die (erotische) Beziehung zwischen Ritter und Dame im Mittelpunkt. Dabei waren in der Kunst der *Trobadore* und *Trobairitz*, wie in der Antike, Dichtung und Musik aufs Engste miteinander verbunden. Im gelehrten Streitgespräch der Renaissance ging es um die Darlegung intellektueller Positionen in Verbindung mit »guten Sitten«. Die in der Geselligkeitskultur der Musenhöfe praktizierten Gesprächsformen wurden stark durch das Werk »Il cortegiano« (ital.: der Hofmann) beeinflusst. Der Autor **Baldassare Castiglione (1498–1529)** stellt darin am Beispiel der Gesprächskultur der **Herzogin Elisabetta Gonzaga (1471–1526)** am Musenhof von Urbino zugleich mit einem neuen humanistischen Menschenbild auch eine verfeinerte Lebensart dar, der in der *Sprachpflege* und *Sprachkunst* höchste Priorität eingeräumt wird. Von grundlegender Bedeutung für die Gesprächskultur im Salon war eine literarische Schöpfung von **Marguerite de Angoulême, Königin von Navarra (1492–1549)**, einer der größten Politikerinnen und Kunstförderinnen ihrer Zeit. Sie verfasste, neben weiteren Werken, die Novellensammlung »Heptameron« (1559). Darin lässt sie zehn Frauen und Männer, aus unterschiedlichen Positionen heraus um das zentrale Thema Liebe kreisend, auf Augenhöhe miteinander über einen »Fall« diskutieren. Sie verknüpft dabei die Kunst intellektueller Gesprächsführung mit der Gabe, unterhaltsam zu erzählen. In der Rahmenhandlung entwirft sie eine Form der Geselligkeit, wie sie später tatsächlich in den Salons des 18. Jahrhunderts vorkommt. Und sie bringt noch ein weiteres zentrales Moment des literarischen Salons ins Spiel: eine *weibliche Perspektive*, in der sie ihr Gesprächsmodell mit der Forderung nach einer neuen persönliche Würde der Frau verbindet. Sie griff damit in die *»Querelles des Femmes«* ein (frz.: Klagen oder Streit der Frauen und: über die Frauen), die über Jahrhunderte geführte europäische Debatte über die Geschlechter, in der als erste Frau die Dichterin Christine de Pizan (1363–1430) die Frauen verteidigt hatte. Auch die erste Frau, die in Frankreich einen literarischen Salon gründete – nicht in Paris, sondern in Lyon! –, trat schon mit der Forderung nach dem Recht der Frauen auf gleichwertige Bildung und literarische Tätigkeit an die Öffentlichkeit: **Louise Labé (um 1520–1566)**. Die hochgebildete Seilerstochter verfasste Liebessonette und philosophische Prosa und machte 1540 ihr Haus zum Treffpunkt von Freundinnen und Freunden der Dichtkunst.

Nachdem im Jahr 1610 die **Marquise Catherine de Vivonne (1588–1665)** mit ihrem *Hotel de Ramboillet* den ersten selbstständigen Salon neben dem Hof für die gebildete Pariser Gesellschaft eröffnet hatte, führte als Nächste **Madeleine de Scudéry (1607–1701)** in ihren Schriften und ihren *Samedis* (= Samstagstreffen) die »Querelles des Femmes« weiter. Scudéry, die zum Erhalt ihrer Unabhängigkeit nicht heiratete und sich literarisch als Sappho inszenierte, verband ihr radikales Eintreten für die Frauenemanzipation mit einer dezidiert weiblichen Lebenskunst, zu der auch die Verfeinerung der Sprache gehörte. Vertreterinnen dieser Richtung wurden bald als die »Preziösen« verspottet. Auch die große Pariser Salonnière **Madame de Lambert (1647–1733)** schaltete sich in den »Streit der Geschlechter« ein: Ihr großes Anliegen waren die Freiheit des Geistes und die Befreiung von allen Autoritätsansprüchen: des Staates, der Kirche, der öffentlichen Meinung und der Männer. In ihrem Salon standen intellektuelles Experiment und spontaner Sprachwitz im Vordergrund; ihr berühmtester Gast war Montesquieu. In den Mitte des 18. Jahrhunderts um die Ideen der Aufklärung und die »Enzyklopädie« kreisenden Pariser Salons, scherzhaft *Bureaux d'Esprit* genannt, weitete sich das inhaltliche Spektrum der Konversation neben der Dichtung auf Themen der Philosophie, Wissenschaft oder Kunst aus. In dieser Hochblüte der Salonkultur konnten Gäste der Stadt vom Morgen bis zum Abend an jedem Tag der Woche in einem anderen Salon zubringen und einen Eindruck von der Macht der Salonnièren bekommen. Die bedeutendsten von ihnen waren: **Madame du Deffand (1697–1780), Madame Geoffrin (1699–1777), Mademoiselle de Lespinasse (1732–1776), Madame d'Epinay (1726–1783)**. In Deutschland schaltete sich nach der Leipziger Dichterin und Salonnière **Christiana Mariana Ziegler**

Literatur (Auswahl): Albert Kaltenthaler: Die Pariser Salons (...) von 1815–1848 (Diss.). München 1960 | Margarete von Navarra: Heptameron. Nach der bei Éditions Fréres, Paris 1960, erschienenen Ausgabe, deutsch von Erich Bertleff. Prag 1968 | Deborah Hertz: Die jüdischen Salons im alten Berlin (Sonderausgabe). Saarbrücken 1998 | Gisela Bock, Margarete Zimmermann: Die Querelle des Femmes in Europa. Eine begriffs- und forschungsgeschichtliche Einführung. In: Gisela Bock, Margarete Zimmermann (Hrsg.): Die europäische Querelle des Femmes (...). Stuttgart/Weimar 1997 | Peter Seibert: Der literarische Salon. Literatur und Geselligkeit zwischen Aufklärung und Vormärz. Stuttgart/Weimar 1993 | Petra Wilhelmy-Dollinger: Die Berliner Salons. Berlin/New York 2000 | Ulrike Müller: »Ganz ermüdet von scherz- und ernsthaften Reden«. Das Leben als Gesamtkunstwerk. Textheft zur Ausstellung »Stationen europäischer Salonkultur« im Romantikerhaus Jena. Jena 2002 | Jüdisches Wien. Mit einem Vorwort v. Robert Schindel. Wien 2004 | Heinz Gerstinger: Altwiener Literarische Salons. Wiener Salonkultur vom Rokoko bis zur Neoromantik (1777–1907), Salzburg 2002 | Ursula Keller, Natalja Sharandak: Abende nicht von dieser Welt. St. Petersburger Salondamen und Künstlerinnen des Silbernen Zeitalters. Berlin 2003 | Hannah Lotte Lund: Der Berliner »jüdische Salon« um 1800. Berlin/Boston 2012

(1695–1760) auch **Herzogin Anna Amalia von Sachsen-Weimar-Eisenach (1739–1807)** in die »Querelles des Femmes« ein. Sie sah in der *»Geringschätzung des weiblichen Geschlechts«* die *»Geißel zu der Unsittlichkeit«* und versuchte, an ihrem kleinen Weimarer Musenhof die Utopie eines gleichwertig achtungsvollen Umgangs der Geschlechter in der Gesprächskultur zu realisieren.

Im preußischen Berlin, das durch die unter Friedrich dem Großen eingewanderten Hugenotten mit französischer Lebens- und Denkungsart und den Ideen der Französischen Revolution besonders stark in Berührung kam, wurde unter den Vorzeichen der Aufklärung freier kritischer Gedankenaustausch vor allem von den nach Emanzipation und bürgerlicher Gleichstellung strebenden Juden angeboten. Ihre erzwungene Ohnmachtssituation und Ächtung führten bei jungen jüdischen Frauen wie **Henriette Herz (1764–1847)**, in Verbindung mit aufklärerischen Ideen, freigesetzten künstlerischen Talenten und Bildungshunger zu einer gesteigerten geistigen Intensität. In ihren *literarischen Teegesellschaften* entfaltete sie die zweite große Blütezeit der Salonkultur. Nicht zuletzt bewundert von der großen **Germaine de Staël (1766–1817)**, wurde **Rahel Levin**, spätere **Varnhagen**, die als radikale Freidenkerin auch radikal ihre Situation als Frau und Jüdin reflektierte, zur bedeutendsten Frauenpersönlichkeit jener Epoche. Ebenso wie die zeitgleich in Jena wirkende **Caroline Schlegel-Schelling (1763–1809)** verband sie Salongespräch und Briefkultur zu einer neuen Form weiblicher Literatur. **Fanny von Arnstein (1758–1818)**, Schwester der Berliner Cembalistin Sarah Levy, begründete Ende des 18. Jahrhunderts mit dem ersten freien Konversationssalon in Wien dort gleichfalls eine jüdische Salontradition. Etwa zur gleichen Zeit führte die in Norwegen geborene **Charlotte Schimmelmann (1757–1816)** in Kopenhagen einen Salon nach französischem Vorbild. Eine Generation später wurde **Sinaida Wolkonskaja (1792–1862)** in Moskau zur großen Förderin Puschkins und der russischen Romantiker, während in Uppsala die schwedische Schriftstellerin **Malla Montgomery-Silfverstolpe (1782–1861)** Salongäste wie Hans Christian Andersen um sich sammelte. **George Sand (1804–1876)** griff in ihren Romanen die Geschlechterdebatte wieder auf und offerierte ein neues Frauenbild, zu dem neben intellektueller auch die erotische Selbstbestimmung gehörte. Zu Beginn des 20. Jahrhunderts stellten in St. Petersburg Dichterinnen wie **Sinaida Gippius (1869 bis 1945)** und **Lidija Sinowjewa-Annibal (1866–1907)**, als Femmes fatales der russischen Moderne, in ihren avantgardistischen Salons, Werken und Lebensexperimenten die alten Frauenbilder radikal infrage. Zeitgleich begründete **Natalie Barney (1857–1931)** in Paris eine neue Salontradition: Sie war die Erste und auf weiter Flur die Einzige, die ihr beträchtliches Vermögens in die Förderung lesbischer Schriftstellerinnen investierte. Virginia Woolf schließlich dachte als erste Schriftstellerin der Moderne über das Fehlen einer weiblichen Literaturtradition nach und erfand die Schwester Shakespeares, um ein Gespräch unter Autorinnen mit ihr führen zu können.

CAROLINE
SCHLEGEL-SCHELLING

1763–1809

»Argwohn kann mein Talent nicht sein, solange ich aus der Erfahrung meines Herzens weiß, daß Redlichkeit eine mögliche Sache ist. Soll ich jedermann für weniger gut halten wie mich selbst?«
Caroline Boehmer an den Brieffreund Wilhelm Meyer, 30. Juli 1793

Caroline Schlegel-Schelling, Porträt von J. F. A. Tischbein, 1798

Was wollen diese jungen Männer, die sich die Haare lang wachsen lassen und in der französischer Empire-Mode durch die kleine Universitätsstadt Jena laufen, das sie manchmal elegisch das *»Königreich der Philosophie«* nennen, manchmal aber auch *»Mordnest«*? Und was macht die ältere Frau dazwischen, sie soll schon Mitte 30 sein und Witwe? Man hat ja so allerlei über sie gehört ... dass sie 1792 – ohne Mann! – mit ihrer kleinen Tochter nach Mainz ging, bei dem Weltumsegler Georg Forster lebte und mit dem dann, völlig revolutionsbesessen, bei den Jakobinern und der Mainzer Republik mitgemacht hat. Als die Stadt 1793 wieder zurückerobert war, haben die Koalitionäre sie hinausgeworfen, dann auf der Flucht verhaftet und auf die Feste Königstein im Taunus gebracht. Dort (später in Kronberg) saß sie unter Spionageverdacht im Gefängnis. Dazu war sie schwanger, von einem blutjungen französischen Offizier. Franzosenliebchen! Ein paar Monate später wurde sie freigelassen, was sie einer Eingabe ihres Bruders Philipp beim König von Preußen zu verdanken hatte. In Lucka (bei Leipzig) brachte sie dann heimlich ihr Kind zur Welt, einen Jungen, der gleich in Pflege gegeben wurde und dort schnell starb. Niemand, nicht einmal ihre Heimatstadt Göttingen, wollte diese Frau aufnehmen! Für kurze Zeit konnte sie noch bei Freunden in Gotha wohnen, 1795 fand sie Unterschlupf bei ihrer verwitweten Mutter in Braunschweig. Und dort erschien eines Tages ein ›edler Ritter‹ und Verehrer aus Jugendzeiten, August-Wilhelm Schlegel, und heiratete die gefallene Professorentochter. Weil Schiller ihm die Mitarbeit an den »Horen« angeboten hat, wohnt das Paar mit der Tochter aus erster Ehe nun in Jena, in einem Gartenhaus, wo es wild zugeht – französisch!

Genau genommen, war Caroline Schlegel keine Salondame, obwohl sie mit den Pariser Salonnièren konkurrieren konnte. Sie war der weibliche Mittelpunkt einer ›Lebens- und Arbeitsgemeinschaft‹. Die sprühende, frech-geistreiche Geselligkeit der Jenaer RomantikerInnen folgte weniger dem Konzept eines Salons als dem einer alternativen Künstlerfamilie – »*Geisterfamilie*« sagt Novalis dazu. Caroline war auch keine Dame, obwohl sie aus gutem Hause kam und sogar drei Jahre lang in einem Gothaer Töchterpensionat den »haushälterischen und gesellschaftlichen Feinschliff« (Brigitte Roßbeck) erhalten hatte; aber nach ihren Revolutionsabenteuern war sie aus dem Rahmen des bürgerlichen Frauenzimmergemäldes herausgefallen. »*Man hält mich für ein verworfenes Geschöpf*«, schrieb sie, nachdem die Behörden sie 1795 in Dresden und Göttingen zur »persona non grata« erklärt hatten, und folgerte mit dem ihr eigenen Realitätssinn: »*Meine Existenz in Deutschland ist hin.*« Dabei hatte ihr Leben in privilegierten Verhältnissen begonnen. Dorothea Caroline Albertine Michaelis kam 1763 als Tochter des berühmten Orientalisten Johann David Michaelis und seiner Frau Antoinette in der Universitätsstadt Göttingen zur Welt. Professor Michaelis besaß ein imposantes Haus mit eigenem Vorlesungssaal und einer prachtvollen Bibliothek. Der unstillbare Lesehunger seiner Tochter gefiel ihm, und er sorgte dafür, dass sie und ihre drei Geschwister die besten Hauslehrer bekamen. Gäste wie Benjamin Franklin oder Lessing, später Goethe, Bürger und die Humboldts gingen bei ihm ein und aus. Als überzeugter Vertreter der Aufklärung setzte er sich sogar bei Friedrich II. für die »*Anlegung einer Universität für das schöne Geschlecht*« ein.

Caroline galt schon in ihrer Jugend als begabte Rezitatorin und soll mit wohltönender Altstimme, »*zum Weinen schön*« vorgelesen haben. Als sie 21 war, hatte das heitere Geistesleben jedoch ein Ende. Vater und Bruder suchten einen Mann für sie aus. Der Arzt Wilhelm Böhmer war klug, gebildet und galt als warmherzig, ja gütig. Caroline, die ihn nicht liebte, aber achtete, zog mit ihm nach Clausthal in den Harz. Abgeschnitten von der Universität, hatte sie als Gattin des überbeschäftigten Stadtmedicus bald das Gefühl, geistig zu verdorren. Als ihr Mann 1788 plötzlich starb, zog sie wieder nach Göttingen und ein Jahr später zu ihrem Bruder Fritz nach Marburg. Nach wenigen Monaten saß sie dort am Totenbett ihrer knapp drei Jahre alten Lieblingstochter Therese; in Göttingen war bereits ihr kleiner Sohn zwei Monate nach der Geburt gestorben. Caroline erholte sich nur mühsam, ihr Überlebensmittel war das Briefeschreiben. Ihr äußeres

Dasein hingegen erlebte sie, vom Lieblingsbruder zur Haushälterin degradiert, als *»künstliche Existenz«*. Nicht lange, und sie zog mit ihrer Tochter Auguste nach Göttingen zurück, wo sie jedoch Verstimmung auslöste, weil sie es wagte, die Ehe mit einem Superintendenten abzulehnen; aber sie wollte weder Bevormundung noch weitere Schwangerschaften. *»Ich fühle, was ich muß, weil ich fühle, was ich kann – schelte mich niemand unvernünftig«*, schrieb sie an Meyer. Ende 1791 entschloss sie sich, angeregt durch einen Besuch bei ihrer Jugendfreundin Therese Forster, Tochter des Göttinger Professors Heyne, nach Mainz zu gehen: *»Wer sicher ist, die Folge nie zu bejammern, darf tun, was ihm gutdünkt.«* Sie wohnte bei den Forsters, ertrug deren zerrüttete Ehe, führte nach Thereses Weggang Forsters Haushalt und die Gespräche mit den Gästen und ahnte bereits die Zuspitzung der politischen Situation, nachdem Frankreich Österreich den Krieg erklärt hatte. *»Wir sind doch in einem höchst interessanten politischen Zeitpunkt«*, schrieb sie an Meyer, tat, was ihr gutdünkte, und engagierte sich für die republikanische Idee.

Jetzt, in Jena, tut sie wieder, was ihr gutdünkt. Politische Verfemung und bürgerliche Ächtung haben nicht vermocht, sie in die Knie zu zwingen. Caroline war eine Frau mit Geschichte und Ansprüchen an ein selbstbestimmtes Leben: intelligent, kritisch, wissbegierig, begeisterungsfähig, aber auch launenhaft, widersprüchlich und impulsiv, ausgestattet mit einem äußerst klugen philosophischen Kopf, feiner Sensibilität und einer sprach- und spottlustigen Zunge. Friedrich Schlegel sagte von ihr, sie realisiere am gekonntesten das, wonach alle strebten: *»Die Kunst aller Künste, die Kunst zu leben.«* Selbst an den negativen Beschreibungen Carolines durch ZeitgenossInnen ist ablesbar, dass sie, wie Sigrid Damm es ausdrückt, »ihre wirklichen Bedürfnisse unverstellt zum Maßstab ihrer Handlungen machte«. Für eine Frau ihrer Zeit war das unerhört kühn.

Brief Caroline Schlegels an Goethe, 26. November 1800

Das Experiment frühromantischer Geselligkeit beginnt im Juli 1796: Da kommen Wilhelm und Caroline Schlegel, soeben verheiratet, gemeinsam mit der elfjährigen Auguste in Jena an. Anfang August folgt Friedrich Schlegel, der aber im Sommer 1797 nach Berlin geht und erst 1799, nach der Publikation seines Skandalromans »Lucinde«, zurückkehrt, zusammen mit seiner neuen Gefährtin Dorothea, geborene Mendelssohn, geschiedene Veit, und deren Sohn Philipp. Das literarische Skandalon einer gleichberechtigten Sexualität von Frau und Mann soll nun in einen gelebten Skandal umgewandelt werden, ohne Trauschein. Die Gruppe wohnt inzwischen im Hinterhaus der Leutragasse Nr. 5. Eng mit der ›WG‹ verbunden und dort häufig zu Gast sind Novalis und Tieck, der Naturphilosoph Schelling, der Physiker Ritter, der Naturforscher Steffens. Als weitere Gäste stellen sich ein: die Schriftstellerin Sophie Mereau und ihr Quälgeist Clemens Brentano, der Maler August Tischbein und der Philosoph und Jenaer Starprofessor Fichte. Die Position des Intimfeindes besetzt ein Dichter, dem die Romantiker mehr verdanken, als ihnen lieb ist: Schiller. Spätestens seit Carolines Bemerkung, die Gruppe sei beim Lesen der »Glocke« *»fast von den Stühlen gefallen vor Lachen«*, wird sie vom Ehepaar Schiller »Madame Lucifer« oder »Das Übel« genannt. Souveränes Literaturdenkmal, selten karikiert, fast immer bewundert, ist Johann Wolfgang von Goethe, der überraschend nach Jena kommt und von Caroline auch in Weimar besucht wird.

»In den Frauen liegt jetzt das Zeitalter, nur unter ihnen gibt's noch interessante Charaktere«, schreibt der junge Friedrich Schlegel. Die neun Jahre ältere Caroline hat ihn tief beeindruckt, während er ihr in Lucka beistand, weil sein Bruder nicht kommen konnte. Seither nennt er sie *»die Selbständige«* und entwickelt unter ihrem Einfluss ein neues Frauenbild. Nun begreift er, »dass selbstbewusste Weiblichkeit, sinnliche Ausstrahlung und scharfer Verstand« (Susanne Mittag) einander nicht ausschließen. Eigentlich liebt er Caroline, aber da sie mit seinem Bruder verheiratet ist, beschäftigt er sich, von ihr inspiriert, lieber mit Frauengestalten der antiken Literatur, männlichen Vertretern der französischen Revolution und der »Lucinde«. *»Die Ueberlegenheit ihres Verstandes über den meinigen habe ich sehr früh gefühlt«*, bekennt er und staunt: *»... daß ein Weib so seyn kann!«* Der intellektuelle Funkenflug, die enge Freundschaft zwischen ihm und Caroline bilden das Energiezentrum des romantischen Experiments. Die Gruppe will *»die Welt romantisieren«* und unternimmt den aufregenden Versuch, Leben und Kunst unter einem Dach zu vereinen. In ihrer Sprache heißt das: schöpferisches *»Symexistieren«* und *»Symphilosophieren«*. Frauen, Männer, Kinder, Gäste erproben miteinander, spielerisch und ernst, das Leben als Gesamtkunstwerk, errichten eine luftige Trutzburg gegen die »Philisterei« des bürgerlichen Lebens, rütteln an den starren Gesetzen von Kunst und Wissenschaft, Geld und Politik, Religion und Moral,

Athenaeum.

Eine Zeitschrift

von

August Wilhelm Schlegel

und

Friedrich Schlegel.

Ersten Bandes Erstes Stück.

Berlin, 1798.
bey Friedrich Vieweg dem älteren.

Klassenschranken, Geschlechterrollen. Offene Formen, wie Brief, Fragment, Tischgespräch oder die Ideenentwürfe beim Spazierengehen, symbolisierten ihre neue Lebensweise. Man verbringt, oft ausgehend von einem Mittagessen, bei dem sich manchmal bis zu 20 Personen um Carolines Tisch und Suppentopf sammeln, Tage, Wochen und Monate miteinander. Das *»ewige Concert von Witz und Poesie und Kunst und Wissenschaft«* (Dorothea Veit) reicht vom Alltagsleben mit Katze, Kindern, Küche über Wanderungen, Kunstbetrachtungen und endlose Nachtgespräche bis zu den Arbeitstagen mit Übersetzungen und den oft gemeinschaftlich verfassten Beiträgen zum »Athenaeum«. Caroline bleibt darin anonym, obwohl auch viele eigene Rezensionen von ihr publiziert werden. Verbürgt ist ihre Mitarbeit an der Shakespeare-Übersetzung, an literaturkritischen Texten wie Wilhelms »Die Gemählde. Ein Gespräch« oder Friedrichs »Brief über den Roman«, an diversen Fragmenten und Rezensionen. Sogar ein Romanexposé, »Gabriele«, ist von ihr überliefert.

Carolines prägende Bedeutung für die Jenaer Frühromantik entsprang nicht ihrem Werk, sondern ihrer kommunikativen Wirkung. Die bis heute von ihr erhaltenen rund 600 Briefe machen sie als geistige Anregerin und Gastgeberin sichtbar, zeigen ihre literarische Begabung und dokumentieren das romantische Experiment im historischen Kontext. Schon Friedrich Schlegel bewunderte ihre geschliffenen Formulierungen, ihre Kunst, Gedanken in kleinen blitzenden Bonmots zu verdichten, das Wesentliche an Menschen und Ereignissen in Gestalt von Anekdoten oder Parodien auf den Punkt zu bringen. Die Briefe zeigen sie als eine Meisterin der romantischen Ironie, für die sie als Stilmittel gern das Paradox verwendet. Zwar waren ihre Briefe nie zur Veröffentlichung gedacht, doch sind sie längst Literatur.

Der romantische Versuch wurde nach wenigen Jahren zwischen Schicksalsschlägen, ökonomischen Zwängen und menschlichen Schwächen aufgerieben. 1797 hatte Caroline in Dresden Schelling kennengelernt, ab 1798 war er Professor in Jena und ständiger Gast der WG. Friedrich und Dorothea entdeckten plötzlich genügend Spießbürgerliches in sich, um Caroline auf eheliche Verpflichtungen und das Unschickliche des Altersunterschiedes hinzuweisen – sie war rund zwölf Jahre älter als Schelling. Caroline liebte ihn, hielt aber gleichzeitig an ihrer Ehe fest, eine seelische Krise brach sich Ende 1799 in einem lebensgefährlichen Nervenfieber Bahn. Als es ihr wieder besser

Dieser Scherenschnitt zeigt Caroline (rechts), ihre Schwester und ihre Mutter

ging, fuhr sie mit ihrer Tochter zur Kur ins fränkische Bad Bocklet. Die 15-jährige »Gustel« aber – anmutig, hochbegabt, Liebling des frühromantischen Kreises – erkrankte unterwegs an Ruhr und starb. Abgrundtiefe Trauer, Schuldgefühle und eine erbitterte Diskussion um ihren Tod führten, verbunden mit furchtbaren Gehässigkeiten, zum Zerwürfnis zwischen Caroline und Schelling auf der einen und Friedrich und Dorothea auf der anderen Seite. Wilhelm Schlegel blieb mit Caroline und Schelling befreundet. Im Jahr 1800 löste sich die Gemeinschaft auf, 1801 starb Novalis, 1802 brachen Dorothea und Friedrich Schlegel nach Frankreich auf. 1803 ließen sich Caroline Schlegel und Wilhelm scheiden, Wilhelm wurde Begleiter von Madame de Staël, und Caroline heiratete ihren Schelling. Sie ging mit ihm zunächst nach Würzburg, 1806 nach München.

Inzwischen hatte sich der politische Wind gedreht und mit ihm die Position mancher Romantiker, revolutionsbegeisterte junge Männer zogen sich unter dem Druck der napoleonischen Herrschaft in die innere Emigration zurück. Auch Carolines Widerstandspotenzial war erschöpft, sie lebte zurückgezogen, war häufig krank. Doch nahm sie weiter am politischen Geschehen Anteil, arbeitete vor allem mit großer Umsicht an Schellings Werken mit – erst über 100 Jahre später würdigt Karl Jaspers Carolines geistige Leistung. 1809 zog sie sich auf einer Wanderung eine Infektion zu. Sie starb im Alter von 46 Jahren und wurde in Maulbronn bestattet. Ihre republikanische Gesinnung hatte sie sich bis zum Schluss bewahrt. Wie schrieb sie einst an den Brieffreund Meyer: *»Lassen Sie uns lieber mal eine Bande zusammen machen, einen geheimen Orden, der die Ordnung der Dinge umkehrt. So möchten denn die Reichen abtreten und die Armen die Welt regieren.«*

Literatur: Caroline Schlegel-Schelling. Ein Lebensbild in Briefen. Mit einem Essay hrsg. v. Sigrid Damm. Frankfurt am Main 2009 (Leipzig 1979) | Katja Behrens: Frauen der Romantik. Porträts in Briefen. Frankfurt am Main 1995 | Gisela Dischner: Caroline und der Jenaer Kreis. Berlin 1979 | Gisela Horn: Romantische Frauen. Sophie Mereau – Caroline Schlegel – Dorothea Veit. Rudolstadt 1996 | Eckart Klessmann: »Ich war kühn, aber nicht frevelhaft«. Das Leben der Caroline Schlegel-Schelling. München 2009 (1979) | Brigitte Roßbeck: Zum Trotz glücklich. Caroline Schlegel-Schelling. Biographie. München 2009 | Barbara Sichtermann: Die Frau, die einzig war. Entn. Zeit online <http://www.zeit.de/2009/35/A-Caroline>. Letzter Zugriff: 20.03.2013 | Susanne Mittag: Caroline Schlegel-Schelling (...). Entn. Verein für Geschichte und Landeskunde Bad Homburg v. d. Höhe e.V. <http://www.geschichtsverein-hg.de/publikationen/vortrags-manuskripte/susanne-mittag-caroline-schlegel-schelling>. Letzter Zugriff: 13.03.2016 | Christa Bürger: Leben schreiben. Die Klassik, die Romantik und der Ort der Frauen. Königstein 2001 | Gisela Kraft: Madonnensuite, Romantiker-Roman. Leipzig 1998

RAHEL
VARNHAGEN

1771–1833

»Was in der Welt ist aber liebenswürdiger – und glücklicher – als eine aufgeschlossene Seele für alles, was Menschen betreffen kann!«

Rahel Varnhagen in einem Brief an Rebekka Friedländer, 13. Dezember 1807

Rahel Varhagen, Zeichnung von Wilhelm Hensel, 1822

Am liebsten würde man ihr persönlich zuhören, sich in das Abenteuer eines Gespräches mit ihr locken, von Witz und Blitz treffen, zu messerscharfen Analysen, geistigen Höhenflügen und Seelenwetternotizen inspirieren lassen. Dabei hatte sie das Hochdeutsche erst einmal erlernen müssen, denn zu Hause bei den Levins wurde Jiddisch gesprochen.

Rahel Levin, verheiratete Varnhagen van Ense, gilt bis heute als eine der genialsten intellektuellen Frauenpersönlichkeiten des deutschen Sprachraums und als die berühmteste Salonnière Berlins. Ihre Gesprächskunst und das damit einhergehende geistig-empathische Vermögen lassen sich nur noch mittelbar nachvollziehen: in ihren Briefen, Tagebüchern und Notizen. Doch dürfen wir diese, Rahels eigener Auffassung folgend, als Fortsetzung und Verdichtung der Gespräche in schriftlicher Form lesen. So zeichnen sich ihre über 6000 noch erhaltenen Briefe sowohl durch die souveräne Handhabung des literarischen Formenkanons aus als auch durch experimentelle Denkfiguren, besondere Stilelemente (wie z.B. den Rhythmus), Bilder und Metaphern, die bei der Transformation vom Sprechen und Denken direkt in den Text entstanden sind. Friedrich von Gentz äußert sich 1803 in einem Brief an Rahel

Handschrift Rahel Varnhagens: »Die Einfalt schätz' ich hoch, der Gott hat Witz beschert; / Die aber den nicht hat, ist nicht des Namens werth«

schwärmerisch über den Charakter der Briefe: »*Engel des Himmel! Giebt es denn Antworten auf solche Briefe? ... welche Tiefe von Genuß, und welche Tiefe von Belehrung aus Ihren Briefen mich anblickt ... Ja! Wenn ich schreiben könnte wie Sie! Oder vielmehr wenn ich das verstände, wodurch Sie das Schreiben ersetzen! Ihre Briefe sind gar nicht geschrieben: es sind lebendige Menschen ...*« Rahel erfand für sich eine Form von weiblicher Produktivität, die ihrer existenziellen Situation und ihrem Anspruch an sich selbst entsprach. Zum Status als Schriftstellerin hatte sie jedoch ein zwiespältiges Verhältnis. Sie drängte sich nicht mit »Werken« in die Öffentlichkeit, denn mit dem Stigma als Jüdin und Frau konnte sie sich letztlich »... in der Halböffentlichkeit des Briefs (...) mehr erlauben als auf dem Markt« (Heidi Thormann Tewarsen). Ihre Briefe lesen sich als authentische Dokumente ihres Lebens und ihrer Zeit, und sie sind *zugleich* Kunst.

In der Rezeption hat es allerdings lange gedauert, bis der eingeengte Blick patriarchaler Werkseligkeit unter dem Druck der Frauenforschung einer heterogenen Sicht wich und Rahels Briefkunst als Literatur anerkannt wurde. Ende der 1970er Jahre fand sich der nach dem Zweiten Weltkrieg zunächst verloren geglaubte Nachlass Varnhagen in der *Biblioteka Jagiellońska* in Krakau wieder. Aus diesem Schatz konnte 1983 eine erste Gesamtausgabe ediert werden; nach und nach wurden dann besondere Einzelbriefwechsel, wie der mit Rahels wichtigster Freundin Pauline Wiesel (1779–1848), ans Licht befördert und publiziert. Wie in Fortsetzung von Rahels freundschaftsstiftendem Geselligkeitsideal arbeiten seither amerikanische, italienische und deutsche Forscherinnen einander immer wieder neue Ergebnisse zu. 2011 gab Barbara Hahn in einer wissenschaftlichen Edition Rahels Textsammlung »Zum Andenken an meine Freunde« heraus. Varnhagen van Ense hatte diese als Rahels literarisches Vermächtnis vier Monate nach ihrem Tod veröffentlicht, und zwar, wie sich nun an Handschriften nachweisen ließ, nicht nach Gutdünken, sondern getreulich nach Rahels redaktionellen Vorgaben.

Eine der ersten Frauen des 20. Jahrhunderts, die sich in eine im besten Wortsinn *radikale* Auseinandersetzung mit Rahel Varnhagen einließ, war die politi-

»Geselligkeit bei Rahel Varnhagen«, kolorierte Radierung von Erich M. Simon, um 1825

sche Denkerin Hannah Arendt. Nach Arendt ist die Fähigkeit, mit sich selbst in einen Dialog zu treten, das, was Menschen überhaupt zu Menschen macht. Und wer würde besser zu dieser These passen als Rahel Varnhagen! Mit ihrem Ansprechen, Aussprechen, Mitsprechen, Zusprechen hatte sie zugleich die Kraft, andere Menschen zu berühren, miteinander ins Gespräch zu bringen, zu sich selbst kommen und über sich hinaus wachsen zu lassen. Arendts Rahel-Biografie verdanken wir außerdem die Bezeichnung *Paria-Bewußtsein* als Ausdruck für Rahels Lebensgefühl als deutsche Jüdin in ihrer Zeit. Die ganze hinreißende Rahel, ihr Witz, ihre Denklust, Sprache, Salon- und Briefkultur sind nicht zu verstehen ohne ihre Ohnmachts-, Ausgrenzungs- und Schamgefühle. Ihre Utopie eines liebens=würdigen geselligen Umgangs der Menschen miteinander – »Poesie als Umgangsform« nennt das Christa Wolf – entfaltete sich unter dem Druck von deren absolutem Gegenteil: die eigene überragende Begabung zu kennen, diese aber nicht weiterentwickeln und tätig einsetzen zu können; sich stattdessen immer *anders* fühlen zu müssen als diejenigen, die in der Gesellschaft den Ton angeben: verkehrt, daneben, überflüssig, einsam und wertlos, peinlich, hässlich, ja widerwärtig bis hin zur Auflösung der Identität, da *»von infamer Geburt«*, wie Rahel es selbst nennt. *»Ich habe keine Grazie; und nicht einmal die, einzusehen, woran das liegt: außerdem, daß ich nicht hübsch bin, habe ich auch keine innere Grazie … Ich kann nicht einsehen, woran es liegt, da ich mich doch oft überaus unschuldig finde; lebendig und beweglich bin, und dies so überaus an anderen liebe. Doch ist es ausgemacht, daß ich eklig bin.«* (Tagebuch, 1811) Das Wort »eklig« bezieht sich auf die Religions- und die Geschlechtszugehörigkeit gleichermaßen. Rahel sieht und fühlt überdeutlich, dass sie mit ihrem Intellekt, ihrer Leidenschaftlichkeit und ihrem Wahrheitsanspruch nicht ins gängige Frauenbild passt, und stellt die verzweifelte, aber gleich wieder in Ironie gebändigte Frage: *»… und kann ein Frauenzimmer dafür, wenn es auch ein Mensch ist?«* (Brief an David Veit, 2. April 1793)

Ihr Elternhaus war wohlhabend – ihr Vater, der Juwelier und Bankier Markus Levin, hatte 1763 das Privileg als Schutzjude Friedrichs II. erworben. Rahel, die als Kind häufig kränkelte, aber früh einen wachen Geist zeigte, bekam zwar dieses und jenes Bildungsgut mit auf den Weg, Förderung aber wurde ihr verweigert. Sie musste ihren Weg gegen den Willen ihres überaus despotischen Vaters und die lähmende Schwäche der Mutter durchsetzen. Zu ihren vier Geschwistern stand sie zeitlebens in einem nahen, herzlichen Verhältnis. Schon früh beeindruckte sie durch ihre Belesenheit, Wissbegier und brillante Intelligenz. Nach Henriette Herz eröffnete sie 1790 in der Jägerstraße 54 ihren Salon, als erste unverheiratete und zweite jüdische Salonnière Berlins. Unter äußerlich schlichten Bedingungen

lädt sie in der »Dachstube«, wie sie ihren Raum nannte, Angehörige der unterschiedlichsten Gesellschaftsschichten zum Tee: Militärs, Adlige, Bürgerliche, Künstlerinnen und Künstler. Zu den Gästen gehörten: Prinz Louis Ferdinand von Preußen, der gern auf dem Klavier improvisierte, seine Geliebte Pauline Wiesel, Friedrich von Gentz, späterer Sekretär Metternichs, der Schriftsteller Jean Paul, Fichte, Schleiermacher, Friedrich Schlegel, Dorothea Mendelssohn-Veit, Alexander, Wilhelm und Caroline von Humboldt und die Dichter Tieck und Wackenroder. Graf Salm, der Rahel im Oktober 1801 erstmalig als Gastgeberin erlebte, schildert sie voller Begeisterung: *»Mit welcher Freiheit und Grazie wußte sie um sich her anzuregen, zu erhellen, zu erwärmen! Man vermochte ihrer Munterkeit nicht zu widerstehen. Und was sagte sie alles! Ich fühlte mich wie im Wirbel herumgedreht, und konnte nicht mehr unterscheiden, was in ihren wunderbaren, unerwarteten Äußerungen Witz, Tiefsinn, Gutdenken, Genie, oder Sonderbarkeit und Grille war. Kolossale Sprüche hörte ich von ihr, wahre Inspirationen, oft in wenigen Worten, die wie Blitze durch die Luft fuhren, und das innerste Herz trafen.«*

Nach 1806, dem Zusammenbruch Preußens im Kampf gegen die Truppen Napoleons auf den Schlachtfeldern von Jena und Auerstädt, und dem wiedererwachenden Antisemitismus im Zuge aufflammenden Patriotismus (da im Code civile, 1804, die bürgerliche Gleichstellung der Juden verkündet wurde) musste Rahel ihren Salon schließen. Alte Freundschaften, wie die zu Brentano und Fichte, zerbrachen; auch Caroline von Humboldt ließ sich zu antisemitischen Äußerungen hinreißen. Rahel fühlte sich isoliert, war immer wieder zutiefst deprimiert, auch häufiger krank, denn sie musste jahrelang schmerzlich auf das verzichten, was sie als ihr eigentliches Leben begriff: Reflexion und menschliche Begegnung im freien, freundschaftlich-geselligen Miteinander. 1813 erklärte Preußen Napoleon den Krieg, und Rahel floh nach Prag. 1814 konvertierte sie vom Judentum zum Protestantismus – ihre Vornamen lauteten nun Friederike Antonie –, um die »Vernunftheirat« mit dem 14 Jahre jüngeren Karl August Varnhagen van Ense einzugehen, an dessen Seite sie dann die nächsten fünf Jahre als Diplomatengattin in Wien, Frankfurt am Main und Karlsruhe zubrachte. Als sie im Herbst 1919 endlich in ›ihr‹ Berlin zurückkehrte, erinnerte dort nichts mehr an die freudigen Aufbrüche ihrer Jugendjahre. In Briefen wie den an ihre Freundin Pauline Wiesel vom 9. Dezember 1819 ist ihre Stimmung schon an den *Wetternotizen* abzulesen: *»Endlich viel Schnee (...) auf den Straßen nach fürchterlichem Nordostwindwetter, welches mich physisch dem Wahnsinn nahebrachte.«* Und dann wird die Stimmung direkt geschildert: *»Nichts gefällt mir hier: alles mißfällt mir hier; nichts gefreut mich hier – gefreut scheint mir ausdrucksvoller, so sagen sie in Österreich ... Alles ist anders, ich allein fremd: mir alles fremd: ich ohne Beziehung, und doch in keinem fremden Ort,*

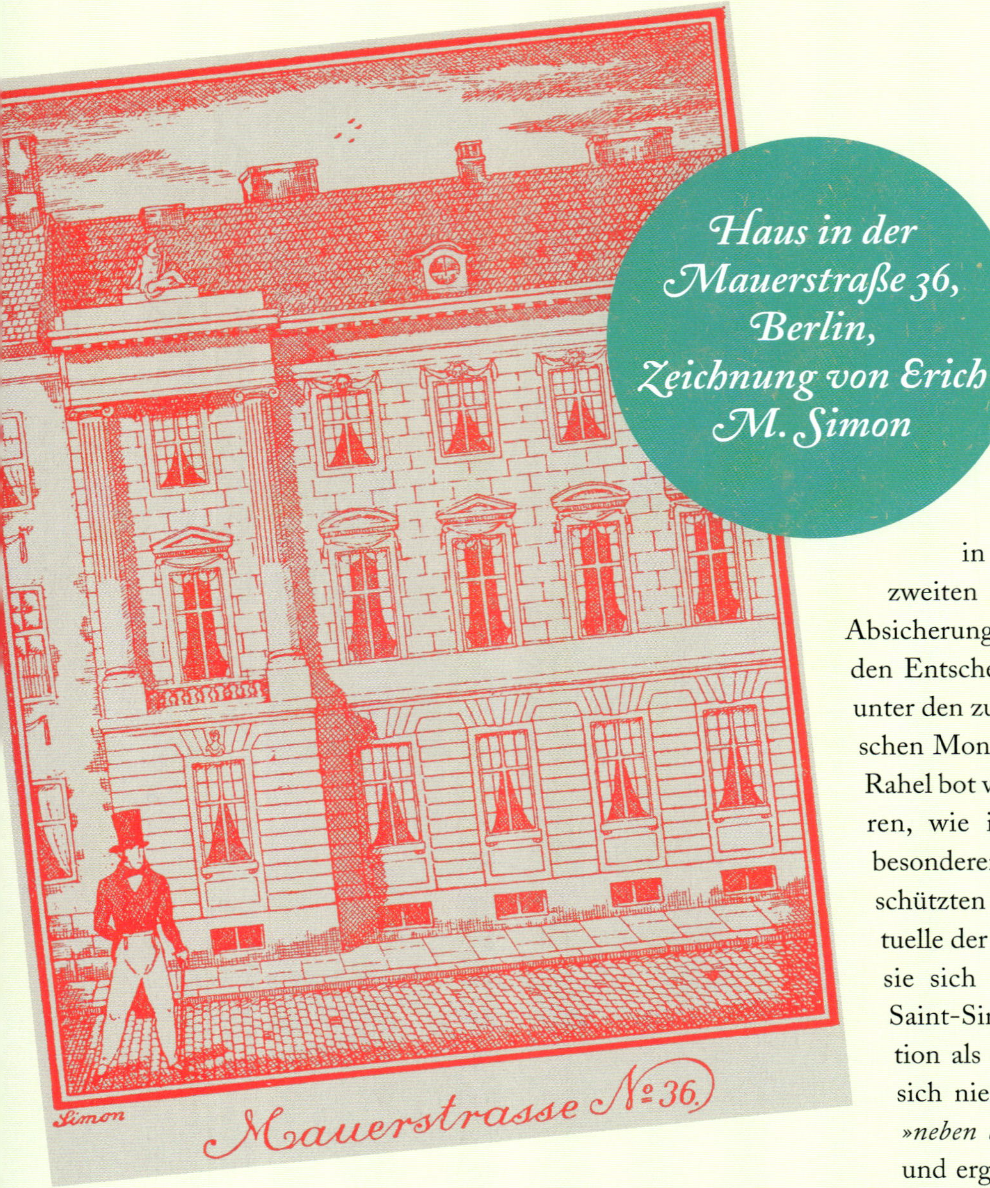

Haus in der Mauerstraße 36, Berlin, Zeichnung von Erich M. Simon

nichts Neues sehend, nur Verhäßlichtes.« Sie fühlte sich heimatlos in der Heimatstadt Berlin, klagte über geistige Leere, klagte über Krankheiten, über tödliche Langeweile. Aber aus dem Dialog mit sich selbst auszutreten, aufzugeben kam für sie nicht infrage, lieber das Kleine, Gemeine, Kränkende, Erniedrigende, lieber körperliche Leiden und Schmerzen zum Thema machen, als gar nicht zu denken und zu sprechen. Es ist schon genial, wie sie mit dem nicht Genialen umgeht, wie sie die Niederungen des Menschlichen an sich selbst erfährt, wahr=nimmt, mit=teilt – und überwindet. Ihr Sprechen bedeutet handeln, Grenzen überschreiten – womit ein wichtiges Stück jüdischer Denktradition zurückgewonnen wird oder erhalten bleibt.

Ende 1919 eröffnete Rahel, trotz der allgemeinen Niedergedrücktheit, in der Französischen Straße 20 ihren zweiten Salon, nun im Rahmen bürgerlicher Absicherung. Das Salongespräch war jetzt, nach den Entscheidungen des Wiener Kongresses und unter den zunehmenden Repressionen der preußischen Monarchie, offener für politische Themen. Rahel bot vor allem oppositionellen jungen Autoren, wie ihrem berühmtesten Salongast und besonderen Liebling Heinrich Heine, einen geschützten Gesprächsraum an. Wie viele Intellektuelle der Aufklärung und Romantik begeisterte sie sich für die Lehren des Sozialutopisten Saint-Simon. Auch in der neuen Lebenssituation als Frau Varnhagen van Ense konnte sie sich niemals ganz von dem Gefühl befreien, *»neben der menschlichen Gesellschaft«* zu sein, und ergriff umso entschiedener Partei für sozial Benachteiligte, Ausgestoßene, Verfolgte ohne *»Amt und eitlen Titel«*. Zugleich versicherte sie sich im Gespräch und in ihren Briefen der neuen, selbstbestimmten Identität, die sie schon einmal, als Rahel Levin, entworfen hatte: *»Ich, Rahel«*. Und diese neue Rahel stellt sich gleichberechtigt neben den von ihr zeitlebens als größten deutschen Dichter verehrten Goethe: *»Ich bin so einzig, als die größte Erscheinung dieser Erde. Der größte Künstler, Philosoph, oder Dichter ist nicht über mir.«* (An David Veit 16.02.1805) Zu den wichtigsten Gästen ihres letzten Salons, der ab 1827 in der Mauerstraße 36 stattfand, gehörten neben den Jungdeutschen der Historiker Leopold von Ranke und die Dichterin Bettina von Arnim, mit der sie sich innig anfreundete und die die häufig kranke Rahel immer

wieder pflegte. Erst gegen Ende ihres Lebens versöhnte sie sich mit ihrer jüdischen Herkunft, ja bekannte sich wieder zu dieser: »*Was so lange Zeit meines Lebens mir die größte Schmach, das herbste Leid und Unglück war, eine Jüdin geboren zu sein, um keinen Preis möcht' ich das jetzt missen.*«

Aus heutiger Distanz betrachtet, bietet die Lebensgeste und -lehre der deutschen Jüdin Rahel Varnhagen eine europäische Variante des persischen (nach Claudia Ott ursprünglich altindischen) Märchenmotivs vom ›Erzählwunder‹ der Scheherezade: Eine Frau rettet sich (gewaltfrei) aus einer Situation tödlicher Bedrohung mithilfe ihrer eigenen Fähigkeiten – ihrer Redegabe, ihrem Wissen und ihrer Klugheit – und bewegt den (männlichen) Machthaber, der sie jeden Moment vernichten kann, zum Innehalten und zur Umkehr, sodass dieser am Ende nicht nur sie, sondern fortan alle Frauen verschont und achtet. Die Erzählerin übersteigt – »transzendiert« – ihre Ohnmachtssituation durch zeitlich-räumliche Entgrenzung mithilfe von Sprache. Auch für Rahel waren Sprechen und Denken die (Über-)Lebensmittel. Dabei glaubte sie eher an die ursprüngliche Leistung und Aufgabe der menschlichen Sprache: die Mitteilung, die Beziehung herstellt und Geschichte(n) erzählt, als an künstliche »Werke«. Und sie (er-)fand für sich eine Form, die dieses Ursprüngliche beibehält *und* transzendiert, ohne es von sich selbst, dem Subjekt, abzutrennen und sich und andere zum Objekt zu machen: »*... ich mag nie eine Rede schreiben, sondern will Gespräche schreiben, wie sie lebendig im Menschen vorgehn, und nicht erst durch Willen, und Kunst ... wie ein Herbarium, nach einer immer todten Ordnung hingelegt werden.*« (Brief an Genz, 26. Oktober 1830) Rahel war Vertreterin der Aufklärung, glaubte an die Menschenrechte, an Humanisierung durch Bildung, aber auf der Grundlage einer Form von Erkenntnis, die auch Gefühlserfahrungen, Intuition, das Unbewusste und den Traum einschließt. Damit war sie zugleich auch Romantikerin, eine Scheherezade auf dem westlichen und auf dem östlichen Diwan.

Literatur (Auswahl): Rahel Varnhagen: Jeder Wunsch wird Frivolität genannt. Briefe und Tagebücher. Ausgew. u. hrsg. v. Marlis Gerhard. Frankfurt am Main 1983 | Rahel Varnhagen – Pauline Wiesel. Ein jeder machte seine Frau aus mir (...). Ein Briefwechsel. Hrsg. v. Marlis Gerhard. Darmstadt/Neuwied 1987 | Rahel. Ein Buch des Andenkens für ihre Freunde. Hrsg. v. Barbara Hahn, mit einem Essay v. Brigitte Kronauer. 6 Bde. Göttingen 2011 | Hannah Arendt: Rahel Varnhagen. Lebensgeschichte einer deutschen Jüdin aus der Romantik. München 1957 | Pia Schmid: Vom Versuch, Geselligkeit zu leben – Rahel Varnhagen. In: Pia Schmid: Zeit des Lesens – Zeit des Fühlens. Anfänge d. dt. Bildungsbürgertums. Berlin 1985 | Heidi Thomann Tewarson: Rahel Levin Varnhagen. Reinbek 1988 | Sulamith Sparre: Rahel Levin Varnhagen (1771–1833). Salonière, Aufklärerin, Selbstdenkerin (...). Frankfurt am Main 2007

SINAIDA
WOLKONSKAJA

1792 – 1862

»... ihr Charme und ihre Gastfreundschaft machten diese Zusammenkünfte einzigartig. Sie stellte nur zwei Forderungen an ihre Gäste: ein Mindestmaß an Talent und Pünktlichkeit zu den Mahlzeiten.«

Der Dichter Adam Mickiewicz in seinen Erinnerungen, o. J.

»Porträt der Prinzessin Sinaida Wolkonskaja als Tankred«, Gemälde von Feodor Bruni, 1820 – 22

Moskau. Eine Prachtstraße, *die* Prachtstraße, vielleicht die berühmteste in der ganzen Stadt: die *Twerskaja uliza*. In der Straße ein wunderschönes Haus, die Nr. 14, bis heute ein Ort besonderer Genüsse. In den 1820er Jahren waren diese vor allem geistiger und musischer Art – nebenher gab es auch erlesene Speisen und Getränke –, wenn im Salon der Fürstin Sinaida Wolkonskaja, dem bedeutendsten des 19. Jahrhunderts in ganz Russland, italienische Opernarien, französische Konversation, englische Romanzen oder russische Lyrik dargeboten wurden. Ab 1904 waren die Genüsse dann vornehmlich lukullischer und sinnlich-ästhetischer Art: als nämlich Grigorij Jelisejew in den prachtvollen Räumen, die er im üppigsten Jugendstildekor hatte ausgestalten lassen, sein Delikatessengeschäft für Gaumenfreuden aus aller Welt eröffnete: »Austern, Anchovis, Edelfische, Trüffel, edle Kaffee- und Teesorten und feinste Weine«. Das Personal sprach mehrere Fremdsprachen, und der Chef bekam für seine segensreiche unternehmerische Großtat 1910 den Adelstitel. In der Zeit der Sowjetdiktatur wurde das Genießen dann verstaatlicht. Die meisten der altehrwürdigen Gebäude der Twerskaja, die ab 1932 Gorki-Straße hieß (bis 1990), fielen Stalins Größenwahn zum Opfer, die Nummer 14 blieb zum Glück erhalten. Die Feinkosthandlung hieß jetzt »Gastronom Nr. 1« und mutierte unterm Jugendstilgewand zum »Spezmag«, in dem es Lukullitäten nur für die Minderheit gab, die (sie) sich leisten konnte, noch gleicher als das Volk zu sein. Und seit 2004 freuen sich nun die Besitzer einer Supermarktkette, wenn die stolzen historischen Räume *ihrer* Twerskaja 14, in denen Köstlichkeiten der internationalen Küche zum Kauf angeboten werden, möglichst viele KäuferInnen – gleich, wie ungleich diese vor Gott und Putin auch sein mögen – dazu bringen, die noch stolzeren Preise zu bezahlen.

Die Geschichte der Straße begann bereits im 14. Jahrhundert: Als Handelsweg führte sie von der Stadt Twer schon damals bis zum Zarensitz im ältesten Teil Moskaus, dem Kreml, in der entgegengesetzten Richtung bildete sie den Anfang des Verkehrsweges bis ins Baltikum und nach Westeuropa. Anfang des 18. Jahrhunderts eröffnete sie die direkte Verbindung zur neuen Hauptstadt St. Petersburg, erhielt als erste Straße Moskaus Straßenpflaster, wurde nach und nach mit repräsentativen Wohn-, Geschäftshäusern und Palästen bebaut und entwickelte sich zur zentralen Flaniermeile. 1790 errichtete Matwej Kasakow, ein namhafter Architekt der Zeit, am »Twerskaja-Boulevard« das heutige Haus Nr. 14 als klassizistisches Palais für die Gattin eines reichen Staatsbeamten. Ab 1824 residierte Sinaida Wolkonskaja darin. Der Dichter Adam Mickiewicz hat das grandiose Ambiente ihres Salons beschrieben: *»Es war ein riesiger Raum in klassizistischem Stil, weiß, mit griechischen Säulen und griechischen Skulpturen. Das eine Ende war die Bibliothek, mit Büchern in Empire-Glasschränken; da gab es die Werke Voltaires, Rousseaus, Chateaubriands (...) Bücher von Madame de Staëls und vielen anderen ... Das andere Ende des Salons wurde vom Klavier beherrscht, das offenbar dauernd benutzt wurde (...). Blühende Orangenbäume, Chrysanthemen und Pflanzen aus dem Gewächshaus in riesigen Kübeln füllen die Luft mit einem höchst angenehmen Duft ... Bediente in blaugoldener Livree und roten Hausschuhen bewegten sich mit Tabletts voller Speisen und Champagner und anderen Getränken aller Art unhörbar zwischen den Gästen ...«*

Prinzessin Sinaida Aleksandrowna Beloselskaja-Beloserskaja kam im Dezember 1789 in Turin zur Welt. Ihr Vater, Fürst Alexander Michailowitsch Beloselski-Beloserski, wirkte als Diplomat, Schriftsteller und Mäzen. Nach Jahren in London und Berlin war er 1778 bis 1790 als Gesandter des Zarenreiches in Dresden tätig, anschließend in Turin, 1793 ging er nach Russland zurück. Mit seiner Kunst-, Musik- und Bücherleidenschaft, seiner Gemäldegalerie, Skulpturen- und Antikensammlung, seinen Schriften zur Musik, poetischen und philosophischen Reflexionen und Forschungen zur altrussischen Geschichte legte er den Grundstein für die umfassende Bildung und die geistige Aufgeschlossenheit seiner drei Töchter, welche er nach dem frühen Tod seiner ersten Frau selbst erzog. Der umtriebige Fürst starb bereits 1809, ein Jahr später heiratete Sinaida den General und Adjutanten Zar Alexanders I., Fürst Nikita Wolkonski, der aus einem der mächtigsten russischen Adelsgeschlechter stamm-

»Das Salon Interieur im Hause von Sinaida Wolkonskaja in Moskau«, Aquarell von Michelangelo Barberi, 1817

te. Das Paar lebte die meiste Zeit getrennt voneinander. Sinaidas große Liebe soll in jenen Jahren nicht ihr Mann, sondern Zar Alexander I. gewesen sein; von beiden ist ein Briefwechsel überliefert. Während manche sagen, die Zuneigung sei rein freundschaftlicher Natur gewesen, sprechen andere von einer unglücklichen Leidenschaft.

Die Fürstin war eine echte Europäerin. Sie sprach fünf Sprachen, lebte für längere Zeit in Dresden, aber auch in Prag, Wien, Paris und London, ab 1817 länger in Russland und zwischen 1820 und 1822 in Rom. Bevor sie sich zwei Jahre später in Moskau niederließ, widmete sie sich in Petersburg dem Studium der russischen und slawischen Geschichte und Philologie. Ihre Übertragung des Epos »Feldzug des Fürsten Igor« aus dem Altslawischen ins Russische lieferte Alexander Borodin später den Stoff für seine Oper »Fürst Igor« (1890). Sie veröffentlichte zwei Bände mit Novellen und einen historischen Roman, der 1824 anonym in Paris erschien, war als Sammlerin von Kunstgegenständen und Antiquitäten tätig und forschte zum russischen Brauchtum, vor allem zu Märchen. Als erste Frau in ihrem Land wurde sie in die *Gesellschaft für Geschichte und russische Altertümer* an der Universität Moskau und in die *Gesellschaft der Liebhaber russischer Literatur* aufgenommen. Verehrer bezeichneten sie gern als die »Corinne des Nordens«, doch die Anspielung auf die Romanheldin der streitbaren Madame de Staël soll sie geärgert haben. Weitaus besser gefiel es ihr schon, wenn Alexander I. sie als *»Zierde des Zarenhofes«* pries oder der Charmeur Puschkin sie als *»Königin der Musen und der Schönheit«* besang.

Sinaida Wolkonskaja war eloquent, vielseitig gebildet und von anziehendem Äußeren; sie wurde mehrfach porträtiert. Hochmusikalisch, beherrschte sie das Klavier- und Harfenspiel und hatte sich auch im Gesang ausbilden lassen. An den musikalischen Darbietungen in ihren Räumen wirkte sie oft selbst mit. Schon ihr Vater hatte sein Haus für Gäste aus aller Welt und für Konzerte und Wettbewerbe geöffnet (am 16. April 1789 spielten an seinem Pianoforte in Dresden Wolfgang Amadeus Mozart und Johann Wilhelm Häßler um die Wette). Auch mit ihrer Leidenschaft für die italienische Oper führte Sinaida seine Tradition fort. Hatte ihr Vater in Dresden für den »Italiener« Hasse geschwärmt, so begeisterte sie sich jetzt für die Werke von Gioachino Rossini, der ihren Kontra-Alt bewunderte und ihr mehrere Lieder widmete. Während ihres ersten Italienaufenthaltes 1820 bis 1822 hatte sie bei einer öffentlichen Veranstaltung in Verona den Tancredi in Rossinis gleichnamiger Oper gesungen. Sinaida Wolkonskaja komponierte auch selbst eine Oper im italienischen Stil. Zu ihren Salontreffen lud sie stets Sängerinnen und Sänger ein, von denen Arien italienischer Komponisten auf Italienisch vorgetragen wurden. Die erste namhafte russische Oper in russischer Sprache, »Ein Leben für den Zaren« von Michail Glinka, wurde erst 1836 in Petersburg uraufgeführt. Mehr noch als den Fortschritt in der Musik beförderte Sinaida die Entwicklung der Literatur in ihrem Salon. Mit ihrem wachen Esprit und mit materieller Großzügigkeit schuf sie für fortschrittliche Dichter Russlands, die von der Zukunft ihrer Nation im Geiste der europäischen Aufklärung träumten, einen offenen Gesprächsraum. Dazu gehörten Wassily Schukowski, der Byron und Schiller ins Russische übersetzte und sein Ansehen als Zarenerzieher dazu nutzte, Rebellen wie Puschkin zu helfen; der Offizier, Kriegsheld

und Dichter Denis Dawydow;
der an Novalis erinnernde junge Lyriker Dmitri Wenewitinow, der unglücklich in Sinaida verliebt war; der Puschkin nahstehende romantische Dichter und Goethe-Verehrer Jewgeni Baratynskij und der Diplomat und Lyriker Feodor Tjuttschew, der über 20 Jahre in München lebte und vor allem durch sein Bonmot über den russischen Nationalcharakter bekannt wurde: *»Verstehen kann man Russland nicht, und auch nicht messen mit Verstand. Es hat sein eigenes Gesicht. Nur glauben kann man an das Land.«*

Die berühmtesten Gäste aber waren: der polnische Nationaldichter Adam Mickiewicz, der in Moskau mit den Dekabristen in Kontakt stand (Polen gehörte damals zu Russland), und Alexander Puschkin. Der bis heute als Begründer der russischen Nationalliteratur verehrte Dichter lebte in den Jahren 1826 bis 1831 unter der persönlichen Zensur von Zar Nikolaus I. in Moskau und war Dauergast in Wolkonskajas Salon, wo er aus seinen in russischer Sprache geschaffenen Werken vortrug, auch aus dem Versepos »Eugen Onegin«. Mit seinen Dramen, Erzählungen, Gedichten und kritisch-satirischen Untertönen befeuerte er das sich neu entwickelnde russische Selbstbewusstsein; seine Botschaften wurden von *allen* verstanden. Hatte die russische Oberschicht bisher durchgehend französisch gesprochen – auch ein Salon wie der von Sinaida Wolkonskaja stand zunächst noch ganz im Zeichen der Pariser »haute culture« –, so änderte sich nach der Vertreibung und Abdankung Napoleons die Einstellung dazu. Immer mehr junge Männer der Aristokratie, meist Offiziere, träumten nun mit dem Traum von Freiheit, Gerechtigkeit und Menschenwürde auch von der Abschaffung der Leibeigenschaft und von einer neuen russischen Identität. Man traf sich im Geheimen, plante einen Umsturz.

Als nach dem plötzlichen Tod von Alexander I. dessen unbeliebter Bruder Nikolaus I. neuer Zar wurde, verweigerten ihm die Dekabristen (russ.: *dekabr* = Dezember) im Dezember 1825 den Treueeid. Doch ihre Verschwörung wurde verraten, die Beteiligten grausam bestraft: fünf von ihnen wurden hingerichtet,

Höchstwahrscheinlich das Clavichord, das S. Wonkonskaja ihrer Schwägerin mit in die Verbannung gab. Rechts: Aquädukt im Garten der Villa Wolkonsky in Rom, seit 1947 Sitz der Britischen Botschaft

etwa 600 zur Zwangsarbeit nach Sibirien geschickt. Zu den Verbannten gehörte auch Fürst Sergeij Wolkonskij, mit dessen Bruder Nikita Sinaida verheiratet war. Sergeijs Gattin, die Fürstin Maria Wolkonskaja und zehn weitere Ehefrauen der Dekabristen beschlossen, ihren Männern in die Verbannung zu folgen. Maria, die spätere »Prinzessin von Sibirien«, hatte Sergeij 1819 in Odessa im ersten Salon von Sinaida Wolkonsjaka kennengelernt, der, im türkischen Viertel gelegen, zu den kulturellen Zentren der Stadt gehörte. Als sie sich jetzt Ende Dezember 1825 auf den langen Weg von Petersburg nach Sibirien machte, war Sinaidas Haus in Moskau ihre erste Zwischenstation, und Sinaida gab ihrer Schwägerin ein rauschendes Abschiedsfest. Das war nicht nur großzügig, sondern auch mutig in Anbetracht der zugespitzten politischen Lage. Maria: »*Sie nahm mich mit einer Güte auf, die ich nie vergessen werde, umgab mich mit fürsorglichen Freundlichkeiten und liebevoller Anteilnahme. Weil sie meine Leidenschaft für die Musik kannte, lud sie sämtliche italienischen Sänger ein, die sich gerade in der Stadt aufhielten.*« Beim Abschied befand sich auf Marias Wagen ein Clavichord – Sinaidas Überlebensgeschenk für die Schwägerin. Den beim Fest anwesenden Puschkin versetzte die freiwillige Verbannung der Dekabristenfrauen in Begeisterung. Er gab ihnen ein »Sendschreiben nach Sibirien« mit, das mit den folgenden Versen beginnt: »*Harrt aus! Sibiriens Bergwerksknecht / darf euren Stolz nicht niederzwingen! / Was ihr erstrebt, so kühn gedacht, / wofür ihr büßt, wird einst gelingen!*« Bei Zar Nikolaus I. machte Sinaida sich mit ihrer Nähe zu den Dekabristen und mit offenen kritischen Äußerungen über seinen autokratischen Politikstil unbeliebt, ihr Salon geriet in den Verdacht, »konspirativen« Treffen zu dienen; sie war in Moskau nicht mehr sicher. 1829 emigrierte sie deshalb mit ihrer Familie nach Rom und setzte ihre Salonkultur dort unbeirrt fort. Wie es der römischen Salontradition entsprach, gehörten zu den Gästen der »Principalia Russa« im Palazzo Poli und später im Haus an der Via degli Avignonesi nun neben Musikern wie Michail Glinka oder Gaetano Donizetti vor allem bildende Künstler, unter ihnen der russische Historienmaler Alexander Iwanow, der dänische Bildhauer Bertel Thorvaldsen und der italienische Maler der Klassizismus, Vincenzo Camuccini. Literarische Gäste empfing sie vor allem in der »Villa Wolkonsky«, ihrem ländlichen Musensitz. Das Ehepaar hatte sich von dem Architekten Giovanni Azzurri 1830 eine Villa samt Park kunstvoll in ein römisches Aquädukt hineinbauen und dieses restaurieren lassen. Sinaida verwandelte das Areal in eine Mischung aus Freiluftmuseum, Erinnerungsort an europäische Dichter und Gartenparadies. Schon Fanny Mendelssohn schwärmte von der Rosenpracht. Neben Sir Walter Scott und James Fenimore Cooper gehörte vor allem Stendhal zu ihrem Kreis, ebenso der psychisch schon schwer kranke Nikolai Gogol, der auch in der Villa wohnte und an den »Toten Seelen« arbeitete, und der reisende russische Philosoph und Revolutionär Alexander Herzen.

Sinaida Wolkonskaja war inzwischen zum katholischen Glauben übergetreten. Ihre tiefe Frömmigkeit korrespondierte mit ihrer Freigebigkeit als Wohltäterin der Armen in der Stadt; sie investierte ein Vermögen in die Gründung zweier Schulen für mittellose Mädchen. Der Legende nach starb »La beata«, wie die Armen sie nannten, an einer Lungenentzündung, nachdem sie an einem kalten Tag einer mittellosen Frau auf der Straße ihren Mantel überlassen hatte. Ihr Sohn Alexander gab nach ihrem Tod ihre Schriften in französischer und russischer Sprache heraus. Die Villa Wolkonsky ist bis heute Sitz der britischen Botschaft.

Literatur: Lada Nikolenko: Die schönen Russinnen. Illustrierte Biographien berühmter russischer Schönheiten aus dem 18. und 19. Jahrhundert. München 1996 | Christine Sutherland: Die Prinzessin von Sibirien. Maria Wolkonskaja und ihre Zeit. Berlin 2010 | Fürstin Maria Wolkonskaja. Erinnerungen. Übersetzung, Nachwort u. Anmerkungen v. Lieselotte Remané. Frankfurt am Main 1989 | Michael Schippan: Fürst Alexander Beloselski. Russischer Gesandter in Dresden (...). In: Volkmar Billig, Birgit Dalbajewa u.a. (Hrsg.): Bilder-Wechsel. Sächsisch-russischer Kulturtransfer im Zeitalter der Aufklärung. Köln/Weimar/Wien 2009 | Ursula Keller, Natalja Sharandak: Abende nicht von dieser Welt. St. Petersburger Salondamen und Künstlerinnen des Silbernen Zeitalters. Berlin 2003 | Eva Gerberding: Moskau. Reiseführer. Ostfildern 2003

GEORGE
SAND

1804 – 1876

»Ich lehne mich gegen jeden Zwang auf, das ist mein Hauptfehler.«
George Sand an Jules Boucoiran, 4. März 1831

George Sand, Fotografie von Nadar, 1865

Zu ihrer Zeit ist George Sand vor allem als Emanzipationsschriftstellerin und durch ihre freie Lebens- und Liebesweise bekannt geworden, die von einigen als skandalös, von vielen als mutig und befreiend empfunden wurde. Heute findet sie hauptsächlich noch durch ihre Rolle als Lebensgefährtin Frédéric Chopins in der Kulturgeschichte Erwähnung. Den meisten fällt zuallererst ein, dass sie in Männerkleidung, mit einem »Dolch im Gewande«, unbehelligt durch Paris streifte und dass sie als Frau Zigarren rauchte – sogar eine polnische Zigarettenmarke wurde nach ihr benannt. George Sand war in erster Linie Autorin und lud dazu *auch* in ihren Salon ein. Wer sich gründlicher mit ihr beschäftigt, kann sich für ihre Briefe begeistern; von rund 40 000 sind noch 20 000 erhalten. *»Ich schreibe leicht und mit Vergnügen. Das ist meine Entspannung, denn meine Korrespondenz (…) ist die eigentliche Arbeit.«* Zusätzlich erweiterte sie ihren Aktionsradius

Schloss Nohant, Landsitz George Sands

durch den Wechsel zwischen dem städtischen Wohnsitz in Paris und dem ländlichen auf Nohant, durch ihre Korrespondenz und zahlreiche Reisen. »*Die Kunst zu reisen, ist fast die Wissenschaft des Lebens. Ich rühme mich dieser Wissenschaft des Reisens*«, schreibt sie in ihrer literarischen Biografie »Histoire de ma vie« und wählt damit die passende Metapher für die Mobilität ihres Geistes und Herzens. Ihr Salon stellte einen Ort intellektuellen Austausches auf Augenhöhe mit anderen kritischen ›Kulturträgern‹ dar und war Teil eines offensiv emanzipatorischen Lebenskonzepts. Anders als viele Salonnièren des vergangenen Jahrhunderts ging es ihr nicht mehr darum, sich als Frau durch den Umgang mit ›großen Männern‹ wenigstens einen Teil der ihr vorenthaltenen Bildung und Bedeutung zu verschaffen. George Sand erreichte, ohne je eine Akademie besucht zu haben, schon bald nach ihrem Debüt 1832 eine Position als Erfolgsautorin; ihr Salon war daher *auch* Diskussionsort für ihre eigenen Werke.

Mit Honoraren, wie sie nur wenigen männlichen Autoren vergönnt waren, konnte sie vom Schreiben leben, musste allerdings regelmäßig ›liefern‹ und arbeitete oft die Nächte durch. Nichtstun war für sie die schlimmste Strafe! Vom Anbeginn ihrer Laufbahn wurde ihren Romanen, Zeitungsartikeln – und Liebesbeziehungen – große öffentliche Aufmerksamkeit zuteil. Dazu war sie mit einflussreichen Verlegern, Autoren und deren Medien, der demokratischen Presse, im Bunde, für eine Frau zu jener Zeit eine Sensation! Mit der Fülle der von ihr ausgehenden Impulse als Streiterin für die Rechte der Frauen, der Armen und für die Republik, als Künstlerin, Rebellin, Gastgeberin und stille Wohltäterin war sie für die geistig-politische Entwicklung Frankreichs und Europas fast 40 Jahre lang von kaum zu überschätzender Bedeutung. Sie glaubte an die Möglichkeit gesellschaftlicher Veränderung, stritt gegen Lüge, Unrecht, Gewalt, wollte die Dimensionen von Güte, Zärtlichkeit und Solidarität ausloten, forderte Freiheit, träumte von Gleichheit: »*Meine einzige Leidenschaft ist die Idee der Gleichheit. (...) Sie allein erfüllt meine Seele mit herzlicher Freude und tröstet mich über unermeßlichen Kummer hinweg.*« Ihren Salon können wir uns als kultiviert und auf hohem intellektuellem Niveau vorstellen, dabei locker, ohne konventionelle Salonordnung, Repräsentationszwänge und Luxusdiners. Stattdessen herrschten ein herzlicher Umgangston und zündende Debatten, Einfachheit, Offenheit, Freude an gemeinsamem Spiel, an Improvisation und Witz. Manchmal wurden Karikaturen von den Anwesenden gezeichnet – ein Ort für Inspiration, Geselligkeit und utopische Entwürfe, mitschwingend mit den Befreiungsbewegungen des neuen, heute alten, Europa. Agitation hielt George Sand aus ihrem Salon heraus. Vor allem auf Nohant schützte und pflegte sie die intime Seite des Gesprächsraums und dessen kreative Vielfalt.

George Sand kam am 1. Juli 1804 als Amantine Aurore Lucile Dupin zur Welt. Ihr Vater Maurice, ein adliger Offizier, blieb für sie der Held einer schönen Legende; er war fast immer abwesend und starb bereits 1808. Ihre Mutter Antoinette Sophie-Victoire, in deren enger Pariser Mietswohnung Aurore ihre ersten Lebensjahre verbrachte, entstammte dem städtischem Elendsmilieu und arbeitete als Gelegenheitsschauspielerin – ein Affront für die adlige Schwiegermutter Marie-Aurore Dupin de Francueil. Diese strebte für ihre Enkelin eine standesgemäße Erziehung an und holte sie zu sich auf den ländlichen Familiensitz Schloss Nohant.

Aurore erlebte ihre Kindheit als eine schmerzhafte Zerreißprobe zwischen zwei einander aufs Schärfste widersprechenden familiären und gesellschaftlichen Sphären. Und was sich hier auf der Ereignisebene abspielte, stieß auch ihren späteren Romanheldinnen immer wieder in der Seele zu. Zwei Charaktere, zwei Liebesarten, zwei soziale Schichten, lagen permanent in Fehde miteinander: das unstete, von wechselnden Gefühlen und vitaler Amüsierlust bestimmte hitzige Naturell der Mutter und die wohlgeordnete, durch Contenance und Vernunft verfeinerte und verkühlte, in der Verantwortung für ihre Familie Erfüllung findende Lebensart der Großmutter. George Sand erscheint einmal als eine sprachmächtige, un=verschämt leidenschaftliche Intellektuelle, die locker die Stadt, die Literatur und ihre LiebhaberInnen erobert, das andere Mal als Naturkind, das sich nach Stille und der Weite des Himmels sehnt, den Vögeln hinterherschaut und sich vor dem Getriebe der Welt gern in ein Kloster retten würde. Nach einer einsamen, aber recht freien Jugend auf Nohant, zwei Schuljahren in einem Pariser Klosterinternat der Augustinerinnen, acht Ehejahren als Madame Dudevant, in denen sie einzig die Geburt ihrer beiden Kinder, Maurice und Solange, als Glück empfand, ließ Aurore sich, getrennt vom Ehemann und entflammt für die Ereignisse der Julirevolution, 1830 in Paris nieder. Ihr junger Liebhaber Sandeau lieferte ihr den Künstlernamen, und die Katastrophe ihrer frühen Heirat bot den literarischen Zündstoff, der sie für alle Zeit gegen die Ehe auf die Barrikaden brachte – und daher auch viele ›rechtschaffene‹ Bürger gegen sie: *»Die Vernunftheiraten sind entweder ein Irrtum, dem wir erliegen, oder eine Lüge, durch die wir uns täuschen.«*

Den Beginn von Aurores schriftstellerischer Laufbahn im Jahr 1831 markiert ihre Mitarbeit an der satirischen Zeitschrift »Figaro«, in der sie eine Glosse auf die Nationalgarde publiziert; später wird sie Mitarbeiterin der größten Kulturzeitschrift Europas, »Rue des Deux Mondes«, zu jener Zeit ein Sammelplatz für die Elite der französischen Literatur. Ihr erster Roman, den sie 1832 als George Sand veröffentlicht, macht sie mit einem Schlag berühmt: »Indiana«, der weibliche Gegenentwurf zu Rousseaus »Emile«. Als einstige Anhängerin des großen Aufklärers führt George Sand nun dessen Frauenfeindlichkeit in dem Klischee vom weiblichen Naturwesen vor und enttarnt die Liebe der ›Männer von Stand‹ als eine Mischung aus Eitelkeit, Kalkül, tadellosen Manieren und grausamem Spiel. Auch Heldinnen weiterer Romane, wie »Lelia« (1833), tragen immer wieder Auseinandersetzungen aus um Kälte und Feuer, Betrug und Wahrhaftigkeit in der Liebe und streiten für die Rehabilitation der weiblichen Erotik. Die Verkleidung mit Anzug, Zylinder, Zigarre und eisenbeschlagenen Stiefeln diente George

Sand nicht nur zur Tarnung bei ihren Streifzügen durch die Pariser Studenten- und Literatencafés, sondern folgte auch, wie sie später selbst äußert, ihrem Empfinden der eigenen Identität als weiblich und männlich zugleich. Mit ihrer Art zu leben und sich zu inszenieren brachte sie die Geschlechterbilder ihrer Zeit ins Wanken. *»Wer ist sie, oder wer ist er?«*, fragt der Kritiker Jules Janin im Jahr 1837: *»Mann oder Frau, Engel oder Dämon, Paradox oder Wahrheit? Wie auch immer es sei, dies ist einer der größten Schriftsteller unserer Zeit.«* Die Autorin ihrerseits berichtet später in der »Histoire de ma vie« spöttisch und doch stolz: *»Die Journale sprachen mit Lob von HERRN GEORGE SAND.«*

Nach ihrem Pariser Debüt als Schriftstellerin kann sich George Sand eine größere Wohnung leisten und eröffnet am Quai Malaquais Nr. 19 ihre »Blaue Mansarde«. Mit den meisten ihrer berühmten Gäste ist sie befreundet: dem Literaturkritiker Charles Sainte-Beuve; dem Star des literarischen Realismus, Honoré de Balzac; Franz Liszt und Marie d'Agoult, die zeitweilig mit Sand gemeinsam den Salon führt; dem streitbaren Priester und Aufklärungsphilosophen Abbé Lamenais; dem aus Deutschland vertriebene Heinrich Heine; der Schauspielerin Marie Dorval (1798–1849) – eine Zeit lang Sands Geliebte; Pauline Viardot-Garcia, die von Sand in ihrem Romanwerk als »Consuelo« verewigt wird; dem neue Stern am Literatenhimmel, Alfred de Musset, mit dem sie auch für eine Weile ihr Liebesglück versucht, dem Maler und Wegbereiter des Impressionismus, Eugène Delacroix, und dem Sozialisten Pierre Leroux, dessen Idee des Gemeineigentums sie begeistert.

Im Salon von Marie d'Agoult lernt George Sand im Jahr 1838 Frédéric Chopin kennen, den sein Freund Franz Liszt dort eingeführt hat. Marie d'Agoult lebt seit 1833 mit Liszt zusammen. Beide Frauen unterstützen und fördern ihre Lebensgefährten nach Kräften,

»Lelia«, Stahlstich von John Henry Robinson, 1843, in: »Galerie des Femmes de George Sand«

»George Sand étonnée d'entendre Liszt« (Sand lauscht Liszt), Zeichnung von Maurice Sand, um 1837

bieten ihnen in ihrem Salon eine Bühne und vielfältige Kontakte. Zugleich steigert die Anwesenheit der Künstler die Strahlkraft der Salons. In der »Histoire« schildert Sand, dass Chopin sich am besten in kleinen Zirkeln entfalten konnte: *»Er hatte immer zwanzig bis dreißig Salons, die er durch seine Gegenwart entzückte und berauschte.«* Sie liebte seine Musik über alles, doch beide waren äußerst verschieden. In ihrem Reisebericht »Ein Winter auf Mallorca« lässt sich nachlesen, dass sie eine eiserne Konstitution hatte, obwohl sie an Kopfschmerzen und Rheuma litt, während er häufig krank war und auf die kleinste Störung hypersensibel reagierte. Nach zehn produktiven Jahren trennten sie sich voneinander. 1849 starb Chopin, 39-jährig, an Tuberkulose.

Seit 1841 ist George Sand gemeinsam mit Leroux und Louis Viardot Herausgeberin der »Revue indépendante«, 1848 mischt sie sich aktiv in die Auseinandersetzungen der Februarrevolution ein. *»Ich bin so beschäftigt wie ein Staatsmann«*, schreibt sie am 23. März 1848 an Sohn Maurice. Sie gibt eine eigene Zeitschrift heraus: »La Cause du peuple«, in der sie ein sozialistisches Grundsatzprogramm entwickelt. Während der Konterrevolution und unter Louis Napoléon, der 1851 das zweite Kaiserreich ausruft, kämpft und ackert sie weiter für die republikanische Idee, empfängt verfolgte Schriftsteller des Vormärz, setzt sich für inhaftierte Freunde ein, gibt hohe Summen für deren Freilassung und die Versorgung der Angehörigen aus. 1855 stirbt ihre geliebte Enkelin Jeanne, 1865 stirbt Alexandre Manceau, der Freund ihres Sohnes und 15 Jahre lang ihr Lebensgefährte, 48-jährig an Tuberkulose. George Sand bekämpft ihren Schmerz mit Arbeit. Sie hat sich inzwischen mit großem Erfolg dem Schreiben von Theaterstücken zugewandt. Von der politischen Bühne aber zieht sie sich, nach dem Deutsch-Französischen Krieg und dem Blutvergießen beim Aufstand der Pariser Commune 1871, zurück, tritt nicht mehr öffentlich für die Republik ein. Ihr Fazit: Die Menschen sind noch nicht soweit. Sie wohnt überwiegend auf Nohant, sammelt Heilpflanzen, pflegt kranke Dorfbewohner, freut sich an neuen Enkelkindern und bringt nach wie vor rund acht Stunden täglich mit Schreiben zu. Auch ihre letzte Romanheldin »Nanon« (1872) wählt schließlich den Rückzug aufs Land, in die Natur. *»Es ist ein Gedicht in Prosa; man sollte es in Strophen fassen«*, schwärmt Émile Zola, für den Balzac und Sand die bedeutendsten Schriftsteller der Epoche sind.

Gern kommt der sonst so ungesellige Gustave Flaubert zu Besuch, mit welchem George Sand seit 1866 eine innige Freundschaft verband. Beide standen auch mit Iwan Turgenjew in Briefkontakt. In einem ihrer schönsten Briefe tritt die Schriftstellerin zärtlich, aber entschlossen, dem Selbstmitleid und der pessimis-

tischen Weltflucht des 17 Jahre jüngeren Flaubert entgegen: *»Wie bitte? Du willst, daß ich zu lieben aufhöre? Du möchtest, daß ich eingestehe, daß ich mich ein Leben lang getäuscht habe, daß die Menschheit verächtlich, hassenswert, immer so gewesen sei und immer so bleiben werde? ... Du sagst, daß Dir dies alles seit Deiner Jugend bekannt ist und freust Dich, nie daran gezweifelt zu haben (...)? Bist Du denn nie jung gewesen? Ah, wie verschieden wir doch sind, denn ich bin heute noch jung, wenn lieben jung sein bedeutet.«* Im selben Brief warnt sie aber auch mit beängstigender visionärer Weitsicht vor den Gräueln kommender Zeiten: *»Warten wir ab, bis sich die germanische Rasse ans Werk macht, deren natürliche Anlage zur Disziplin wir so bewundern ...«*

George Sand starb 1876, im Alter von 72 Jahren. Zur Beerdigung in Nohant kamen viele bedeutende Schriftsteller und das ganze Dorf. Es wurde eine große Zahl von Nachrufen verfasst, private und öffentliche, bombastische und bescheidene. Flaubert schrieb an Turgenjew: *»Ich habe bei ihrem Begräbnis geweint wie ein Kind.«* Fast bis zuletzt hatte George Sand dort draußen geschrieben und wie gewohnt am frühen Abend in ihren Salon eingeladen. Drei Generationen wirkten inzwischen unter Höchsteinsatz von Fantasie und Kreativität am hauseigenen »Grand Théâtre de Nohant« und Marionettentheater mit manchmal bis zu 60 Gästen mit. Alte und neue Freunde wie ihr ›Sohn‹, Alexandre Dumas fils, und ihr letzter, 21 Jahre jüngere Lebensgefährte, der Maler Charles Marchal, den sie ihr *»dickes Kaninchen«* nannte (er sie dafür seinen *»Smaragdkäfer«*), versammelten sich mit der Gastgeberin um den runden Tisch im Salon: *»Er ist ein großer, ein häßlicher Tisch. Pierre Bonnin, der Dorftischler, hat ihn gemacht vor mehr als zwanzig Jahren ... Er hat seinen geduldigen Rücken für vielerlei Dinge hergeliehen! Verrückte oder kluge Schreibereien, reizende Zeichnungen oder wüste Karikaturen ... was weiß ich? ... Er ist ein Heiligtum der Intimität, fast ein häuslicher Altar.«*

Literatur (Auswahl): George Sand: Indiana. Mit einem Essay v. Annegret Stopczyk. Frankfurt am Main 1983 | Dies.: Lelia. Mit einem Essay v. Nike Wagner. Frankfurt am Main 1984 | Dies.: Ein Winter auf Mallorca. Übers. u. hrsg. v. Ulrich C. A. Krebs. München 1985 | Dies.: Nanon. München 1991 | Dies.: Nimm Deinen Mut in beide Hände. Briefe. Übers. u. hrsg. v. Annedore Haberl. München 1990 | Dies.: Geschichte meines Lebens. Übers. v. Claire v. Glümer (1855). Hannover 2004 | Renate Wiggershaus: George Sand. Mit Selbstzeugnissen u. Bilddokumenten. Reinbek 1982 | Gisela Schlientz: George Sand. Leben und Werk in Texten und Bildern. Frankfurt am Main 1987 | Dies.: »Ich liebe, also bin ich.« Leben und Werk von George Sand. München 1989 | Elsemarie Maletzke: Die Herrin von Nohant. Entn. Frankfurter Rundschau online <http://www.fr-online.de/rhein-main/literatur-kontrolliert,1472796,4487446.html>. Letzter Zugriff: 27.05.2012

NATALIE
CLIFFORD BARNEY

1876–1972

»›Warum‹, fragte meine schöne und betrügerische Begleiterin, ›interessierst du dich für die Künste, wo du doch mich hast?‹«

Natalie Clifford Barney, aus der Textsammlung »Souvenirs Indiscrets« (»Indiskrete Erinnerungen«), 1960

Natalie Barney mit Hund, undatierte Fotografie

Natalie Clifford Barney führte 60 Jahre lang ihren Salon am selben Ort, im selben Haus im Pariser Stadtteil Saint-Germain-des-Prés. 1902 hatte sie sich in der Stadt niedergelassen, 1908 erwarb sie ihren Wohnsitz in der Rue Jacob 20, und von da an fanden dort wöchentlich ihre »Freitage« mit den legendären Gurkensandwiches, mit Lesungen und Theateraufführungen statt. Zu ihren ersten Gästen gehörten Auguste Rodin, Marcel Proust oder Mata Hari (1876–1917); die holländische Tänzerin und spätere Spionin wollte auf einem Elefanten in Natalies Garten einreiten, ließ sich dann aber davon überzeugen, zur Schonung der Pflanzen auf einem weißen Zirkuspferd zu kommen, und erschien zum Ausgleich für diesen bürgerlichen Kompromiss kaum bekleidet.

Die gebürtige Amerikanerin Natalie Barney stand als Salonnière, Mäzenin, Kunstförderin, Autorin, Freundin und Liebhaberin im Zentrum einer Szene von avantgardistischen Künstlerinnen, die sich im ersten Viertel des 20. Jahrhunderts im Intellektuellenquartier am linken Ufer der Seine, der »Rive Gauche« oder »Left Bank«, niederließen. In den 1920er Jahren erlebte diese Szene, und mitten darin Natalies Salon, den Höhepunkt ihrer Entwicklung. Zu den Besucherinnen in dieser Zeit gehörten: Colette (1873 bis

Natalie Barneys Salon mit Gemälden von Romaine Brooks: E. de Gramont (li) und N. Barney (re)

1954) und Gertrude Stein (1874–1946), beide mit ihr befreundet; Élisabeth de Gramont, verheiratete de Clermont-Tonnerre (1875–1950), wegen ihres sozialistischen Engagements die »rote Herzogin« genannt und von 1910 bis 1919 die Geliebte Natalies – die 1918 mit ihr einen Ehevertrag aufsetzte, welcher sexuelle Untreue ein für alle Male ›legalisierte‹; die Malerin Romaine Brooks (1874–1970), mit der Natalie 50 Jahre lang zusammenlebte; die Malerin und Lyrikerin Marie Laurencin (1883–1956); die britische Dichterin Edith Sitwell (1887–1984); die Journalistin Janet Flanner (1892–1978), seit 1925 als Korrespondentin für amerikanische Zeitschriften und Zeitungen in Paris, die für den »New Yorker« die berühmte Kolumne »Letters from Paris« verfasste, sowie deren Geliebte und Mitarbeitern Solita Solano (1888–1975); die amerikanische Lyrikerin und Dramatikerin Edna St. Vincent Millay (1892–1950), die als erste Frau den Pulitzer-Preis für Lyrik erhielt; die Schriftstellerin Djuna Barnes (1892–1982) sowie deren spätere Mäzenin Peggy Guggenheim (1898–1979) und Dolly Wilde (1895–1941), neun Jahre lang Natalies Geliebte. Auch die Cembalistin Wanda Landowska kam und wirkte an einer Aufführung der Oper »Four Saints in Three Acts« von Virgil Thomson mit, deren Libretto von Gertrude Stein stammt. In Natalies Salon verkehrten weit mehr Frauen als Männer und standen, das war bei ihr Anspruch und Programm, als Künstlerinnen im Vordergrund, doch es gab auch Beziehungen zu Künstlern. Salongäste waren unter anderem die Schriftsteller Anatole France, Gabriele D'Annunzio, Rabindranath Tagore (der 1913 als erster Dichter Asiens den Nobelpreis erhielt), André Gide, Paul Valéry, Jean Cocteau, Louis Aragon, William Somerset Maugham, Sinclair

Lewis, Ford Maddox Ford, Sherwood Andersen, Ezra Pound, William Carlos Williams, Thornton Wilder und der Fotograf und Autor Carl Van Vechten. Fern von ihrer puritanischen Heimat, ermuntert von der Offenheit ihrer Gastgeberin und der weltoffenen Gleichgültigkeit von Paris, wichen auch die meisten Gäste in ihren erotischen Vorlieben freudig von der Norm ab: Man und frau lebte homo, bi, multi, omni und genoss die Möglichkeit, Gleichgesinnten zu begegnen und die eigene Neigung nicht verstecken zu

Links: Natalie Barney vor dem »Tempel der Freundschaft« im Garten ihres Hauses in der rue Jacob Nr. 20, um 1925–30
Rechts: Tempeltänze nach antikem Vorbild

müssen. Letztlich hatte ihre Leidenschaft für Frauen Natalie bewogen, nach Paris zu gehen.

Natalie Barney stammt aus dem sittenstrengen Mittleren Westen der USA, aufgewachsen ist sie in Cincinnati und Washington D. C. in einer wohlhabenden Industriellenfamilie. Ihre kunstsinnige Mutter, Alice Pike Barney, reiste 1896 mit ihren Töchtern nach Paris, um sich bei Carolus-Duran und Whistler zur Malerin ausbilden zu lassen und ihren Töchtern im Pensionat »Les Ruches« in Fontainebleau eine Ausbildung in Französisch und den schönen Künsten zu ermöglichen. Natalie beendete ihre Schulausbildung in New York, und als sie ihre erste Liebesbeziehung zu einer Frau offen lebte, wurde sie 1897 vom gestrengen Papa nach Hause zitiert. Um dem Gefängnis neuerlicher Tugendhaftigkeit zu entkommen, offerierte sie ihm zum Schein einen homosexuellen Verlobten. Mama Alice, die sich ebenfalls in der »upper class« eingesperrt fühlte, reiste mit ihren Töchtern erneut nach Paris, wo Natalie alsbald ihren zweiten Skandal produzierte: eine Liebesbeziehung mit Liane de Pougy (1869–1950), der berühmtesten Pariser Kurtisane der Belle Époque. Paris stand Kopf! 1901 erschien das Buch »Idylle saphique«, in dem Liane die junge Natalie ohne große literarische Bemäntelung als ihre – hinreißende! – Verführerin Flossie schildert. Von nun an wurde Natalie Barney das Klischeebild als »female Don Juan« nicht mehr los. Sie selbst attestierte sich später ein größeres Talent zur Freundschaft als zur Liebe. Ihre erotischen Abenteuer verarbeitete sie in Form von Liebesgedichten im Stile der Romantik. Mit ihrem 1900 veröffentlichten, von ihrer Mutter illustrierten Band »Quelques Portraits – Sonnets de Femmes« verursachte sie in den verklemmten Washingtoner Oberschichtkreisen ihren nächsten Skandal. Natalie dazu: »*Ich empfand keine Scham … Warum sollte man mir einen Vorwurf daraus machen, daß ich Lesbierin bin? Es ist eine Sache der Natur: meine Andersartigkeit ist kein Laster, ist nicht ›absichtlich‹ und schadet niemandem.*« Zum Glück wurde auch ihrer Mutter, die gerade auf dem Wege dazu war, eine anerkannte Porträtmalerin zu werden, in Washington die Luft zum Atmen endgültig zu knapp. 1902 ließ sie sich mit beiden Töchtern in Paris nieder. Nach dem Tod des Vaters stand den drei Frauen nun ein üppiges Erbe zur Verfügung; allein vier Millionen Dollar für jede der Töchter.

Natalie Barney inspirierte neben Liane de Pougy noch eine Reihe weiterer Autorinnen zu literarischen Porträts. So kommt sie auch als Miss Flossie in Colettes »Claudine s'en va« (1903) vor oder als Dame Evangeline Musset im Kreise lustvoll sündigender Damen in Djuna Barnes satirischem »Ladies Almanach« (1928). Der mit ihr befreundete Schriftsteller René de Gourmont veröffentlichte aus dem Briefwechsel mit ihr zwei Sammlungen seiner Briefe: »Lettres à l'amazone« (1914) und »Intimate Lettres à l'amazone« (1926). Fortan war Natalie Barney in den literarischen Kreisen von Paris als »die Amazone« bekannt. Eine der bedeutendsten russischen Dichterinnen, Marina Zwetajewa (1892–1941), wandte sich 1932/34 aus ihrem Pariser Exil mit dem literarischen Essay »Mein weiblicher Bruder« an Natalie Barney, ein Rekurs auf deren Textsammlung »Pensées d'une Amazone« (1920). Wie Sylvia Beach, Inhaberin der berühmten Buchhandlung »Shakespeare and Company« und häufig zu Gast in der Rue Jacob 20, beschreibt, war Natalie jedoch »… *keine kämpfende Amazone, sondern im Gegenteil eine reizende Dame immer ganz in Weiß, und mit ihrem blon-*

den Teint wirkte sie höchst attraktiv ...«. Letztlich entzog Natalie sich mit ihrer rebellischen Lebensweise und ihrem scheinbar rückwärtsgewandten Geschmack einer eindeutigen Zuordnung. Die »Amazone« trat auch selbst als Schriftstellerin in Erscheinung. An den geschliffenen Wortspielen, Paradoxien und manch satirischem Zug in ihren Sammlungen mit Epigrammen, Gedichten, kurzen Theaterstücken, Reflexionen und Porträts wie »Actes et entr'actes« (1910), »Aventures de l'Esprit« (1929) oder »Souvenirs Indiscrets« (1960) ist ablesbar, dass sie eine genaue Beobachterin war und über philosophischen Esprit verfügte. *»Das schlimmste an den Emporkömmlingen ist, daß sie emporkommen«* und *»Ewigkeit – Zeitverschwendung«*, so lauten zwei ihrer Aphorismen. Oder sie fragt mit charmanter Bosheit: *»Warum sollte ich Ihnen Schlechtes wünschen? Sind Sie nicht schon das Schlimmste, was ich Ihnen hätte wünschen können?«* Zum Sprachwitz kam ihr ausgeprägter Schönheitssinn, der sie vollendet gebaute Sätze ebenso genießen ließ wie vollendet gebaute Liebhaberinnen. Wie ihr Modegeschmack stimmte auch ihre sprachliche Ästhetik mit dem klassizistischen Stilempfinden des späten 18. und frühen 19. Jahrhunderts überein; Gertrude Steins Sprachexperimente gingen ihr persönlich oft zu weit, dennoch setzte sie sich für das Werk der Freundin ein. Das Avantgardistische an Natalie Barney war und ist ihre lesbische Ästhetik, nach der sie Dichtung und Liebe nicht voneinander trennen wollte und letztlich ihrem Leben gegenüber dem Schreiben den Vorzug gab: *»Mein Leben ist meine Arbeit, meine Schriften aber sind nur das Ergebnis.«*

Eine besondere Rolle für das künstlerisch-gesellige Miteinander spielte der Ort, an dem es stattfand: Zu der zweistöckigen, aus dem 18. Jahrhundert stammenden kleinen Villa mit verglaster Veranda, in der Natalie relativ bescheiden residierte, gehörte ein weitläufiger verwilderter Garten mit hohen alten Bäumen und in einer Ecke davon der »Tempel der Freundschaft«, ein etwa 35 Quadratmeter großer Rundbau mit vier dorischen Säulen und der Inschrift »à l'amitié« (an die Freundschaft) auf der Frontseite. Natalie verwen-

Kussszene aus Greta Schillers Film »Paris was a Woman«, 2009

dete ihn als Atelier, dann aber auch als Bühne und Kulisse für Tanz- und Theaterinszenierungen, Musikaufführungen und Lesungen. Von ihrer Residenz existieren historische Fotografien und zahlreiche Beschreibungen. So erzählt Truman Capote in einem Gespräch mit Georges Wickes: *»Der Raum, in dem man sich bei Miss Barney traf, besaß eine riesige, mit buntem Glas besetzte Kuppeldecke. Die Einrichtung war ganz im Stil der Jahrhundertwende gehalten, allerdings mit einem leicht türkischen Flair – eine Mischung aus Gebetshaus und Bordell. An einer Seite stand jedes Mal ein Büffet mit den wunderbarsten Sachen – zum Beispiel die köstlichsten Erdbeer- und Himbeertorten mitten im tiefsten Winter; und immer Champagner ... Die Gäste saßen auf den unterschiedlichsten Sofas und Polstern. ... Natürlich war Miss Barney vornehmlich an Berühmtheiten interessiert ..., doch auf der anderen Seite nutzte sie nie jemanden aus. Sie gehörte zu den Menschen, denen besonders daran gelegen ist, andere zusammen zubringen.«*

Natalie Barney inspirierte und förderte viele bedeutende KünstlerInnen und ermöglichte die Begegnung zwischen neuer englischsprachiger und französischer Literatur. In dieser Bedeutung wurde sie jahrzehntelang unterschätzt; man(n) sah sie in erster Linie als »die führende Lesbierin« ihrer Zeit an. Dabei wurde vor allem unterschlagen, dass sie etwas unerhört Neues schuf: ein Netzwerk avantgardistischer Künstlerinnen und Gefährtinnen. Ihr Kunstsinn und Sprachtalent (sie sprach als einzige Frau der »lost generation« ein akzent- und fehlerfreies Französisch), ihre Begabung für die Liebe und ihr Gespür für die ästhetischen Dimensionen weiblicher Erotik gingen mit der Qualität einher, die Kreativität von Frauen wahrzunehmen, zu beflügeln und zu fördern. So finanzierte sie zum Beispiel die Publikationen der hochbegabten, aber mittellosen Djuna Barnes. Sie sah ihre Liebe zu Frauen nicht, wie die Wissenschaftler ihrer Zeit, als Anomalie und nicht als Makel an, sondern als Chance für ein freies, selbstbestimmtes Leben. Schutz und Machtmittel zugleich war dabei zum einen ihre reizende Erscheinung und zum anderen ihr Reichtum. Letztlich nutzte sie ihren Kunstsinn und das Privileg ihres Erbes dafür, um sich einen gesellschaftlichen Identifikationsraum zu schaffen, den es für Homosexuelle sonst nur in der Subkultur oder in aristokratischen Nischen gab. Lebendes Vorbild für ihr selbstbewusstes, positiv akzentuiertes Leben war wohl ihre Mutter Alice; historisches Vorbild die Dichterin Sappho. Sie hatte Griechisch gelernt und war 1904 mit ihrer Geliebten Renée Vivien nach Lesbos gereist, um dort in der Nachfolge Sapphos eine Dichterinnenkolonie zu gründen. Als dieses Vorhaben scheiterte, eröffnete sie mitten in Paris ihren Salon.

In ihrer feministischen und pazifistischen Theorie und Praxis war Natalie Barney sehr fortschrittlich. Sie verurteilte den Krieg als die extremste Form männlicher Aggression, entwarf als alternatives Modell eine matriarchal strukturierte Gesellschaft, hielt 1916 in ihrem Haus einen internationalen Friedenskongress für Frauen ab. 1927 gründete sie gegen das Männerbollwerk der *L'Académie française* ihre freie L'*Académie des Femmes*, an der unter anderem Colette und Gertrude Stein lehrten. Im Zweiten Weltkrieg lebte sie sechs Jahre lang recht komfortabel und unbehelligt mit Romaine Brooks im Exil in Florenz. Als sie 1945 nach Paris zurückkam und ihren Salon wiedereröffnete, waren viele der jüdischen Freundinnen zwangsweise emigriert, einige nicht mehr am Leben. Neue, jüngere Autorinnen und Autoren kamen, unter ihnen Marguerite Yourcenar, Hannah Arendts Freundin Mary McCarthy und Truman Capote.

Als Natalie Clifford Barney 1972, in ihrem 96. Lebensjahr, starb, drei Jahre nachdem sie infolge eines Bauskandals aus ihrem Haus vertrieben worden war und ihren Salon endgültig geschlossen hatte, war sie weitgehend vergessen. 1979 feierte Judy Chicago sie mit einem Gedeck in ihrem feministischen Kunstwerk »The Dinner Party«. 2009 wurde sie von ihrer Heimatstadt Dayton mit einer großen Gedenktafel geehrt. Diese wurde 2010 wieder zerstört, vermutlich, weil Natalie die erste Frau in Ohio war, deren lesbische Orientierung auf einer Ehrentafel öffentlich benannt worden war. Natalie Barney: *»Ich glaube, daß es ein Akt der Demut ist, unsere Toten mit einigen Worten zu ehren, durch die sie weiterleben können; und statt eines stummen, schrittweise sich vollziehenden Nichtseins können wir ihnen einige inspirierende und mutige Grabsprüche setzen, die zeigen, was sie waren. Denn es ist sträflich, diese Verschwender, die aus dem eigenen Leben ihre Meisterwerke schufen, ohne Stimme und Gesang verschwinden zu lassen. Die andächtig zusammengetragenen Geschichten ihrer Liebschaften haben die Welt schöner werden lassen.«* (»Indiskrete Erinnerungen«, 1960)

Literatur (Auswahl): Natalie Clifford Barney: Indiskrete Erinnerungen. Die Verteidigung der Liebe. Aus dem Franz. v. Nicolaus Bornhorn. Mannheim 1995 | Marina Zwetajewa: Mein weiblicher Bruder. Brief an die Amazone. Übertragung aus dem Franz. u. mit einem Nachwort v. Ralph Dutli. München 1985 | Djuna Barnes: Ladies Almanach (1928). Berlin 1985 | George Wickes: The Amazon of Letter. The Life and Loves of Natalie Barney. New York 1976 | Shari Benstock: Women of the Left Bank. Paris 1900–1940. Austin 1986 | Alexandra von Busch: Ladies of Fashion. Djuna Barnes, Natalie Barney und das Paris der 20er Jahre. Bielefeld 1989 | Andrea Weiss: Paris war eine Frau. Die Frauen von der Left Bank. Dortmund 1996 | Andrea Schweers: In Sapphos Namen – Die Geschichte einer Begegnung. Renée Vivien und Natalie Clifford Barney. In: Joey Horsley, Luise F. Pusch (Hrsg.): Frauengeschichten. Berühmte Frauen und ihre Freundinnen. Göttingen 2010 | Natalie Clifford Barney. Entn. wikipedia (en) <http://en.wikipedia.org/wiki/Natalie_Clifford_Barney>. Letzter Zugriff: 03.05.2013

DIE INTELLEKTUELLEN:

zwischen Politik und Philosophie

W*arum kann ich nicht zuweilen Minister sein*«, schreibt **Amalie Winter (1802 bis 1879)** 1846 ungeduldig an Erbgroßherzog Carl Alexander von Sachsen-Weimar-Eisenach. Die Weimarer Schriftstellerin und Salonnière und ihre freche Freundin Bettine drüben in Berlin, machen sich »*Regierungsgedanken*«. Die Zeiten ändern sich. Immer mehr Frauen erheben ihre Stimmen für Demokratie und Menschenrechte, auch für ihre Rechte als Frauen. Einige gehen dafür 1848 buchstäblich auf die Barrikaden, Louise Otto-Peters (1819–1895) gründet 1849 in Leipzig eine Frauenzeitung, 1865 zusammen mit Auguste Schmidt den *Allgemeinen Deutschen Frauenverein* (ADF). Schriftstellerinnen wenden sich vermehrt der Journalistik zu. Schon Caroline Schlegel-Schelling, 1792/93 engagierte Zeitzeugin der Mainzer Republik, hatte das Zeug zur Journalistin. Fünfzig Jahre später recherchiert **Bettina von Arnim (1785–1859)** mithilfe einer Anzeigenkampagne die Situation der schlesischen Weber; ihr »Armenbuch« wird jedoch verboten. Der nächsten Generation stehen schon mehr Medien zur Verfügung. **Fanny Lewald (1811–1889)** kann sich mit ihren Forderungen für die Frauenbildung auch in liberalen Zeitungen Gehör verschaffen. Da Preußen 1850 »*Frauenpersonen, Geisteskranken, Schülern und Lehrlingen*« per Gesetz die Mitgliedschaft in politischen Vereinen verboten hat, wendet sich die Frauenbewegung verstärkt sozialen Themen zu. Autorinnen aus Adel und Großbürgertum wie Fanny, ihre Cousine **Ludmilla Assing (1821–1880)** oder **Malwida von Meysenbug (1816 bis 1903)** solidarisieren sich ›nebenher‹ mit europäischen Unabhängigkeitsbewegungen wie der in Italien, führen dort auch Salons und treffen sich mit ihrem Lieblingshelden Garibaldi, der die Spenden aus zarten Damenhänden gern entgegennimmt. Die gesellschaftlichen Aufbrüche haben auch die Themen und Gästekreise der Salons in Bewegung gebracht; sie werden politischer, intellektueller.

In Frankreich verlief die Entwicklung ähnlich, nur dass die Opposition nach der Vertreibung Napoleons I. im eigenen Lande blieb, weil die politischen Kämpfe dort offener ausgetragen wurden. George Sand erschuf nicht nur Romanheldinnen, sondern schrieb politische Artikel, gründete eine eigene Zeitung. Ihr Salon behielt jedoch seine inhaltliche Vielfalt. Die mit ihr befreundete **Marie d'Agoult (1795–1876)** wurde, nachdem sie sich von Franz Liszt getrennt hatte, von einer musisch inspirierten adligen Salondame zur republikanischen Kulturjournalistin mit einem gemäßigt politisch akzentuierten Salon. Ihre Salonerbin **Juliette Adam (1836–1936)** agierte hingegen als radikale Feministin und machte ihren Salon zum politischen Kampfplatz. Spätestens zu Beginn des 20. Jahrhunderts gab es auch in anderen europäischen Metropolen neue Akzente in der Salonkultur. Manche Frauen knüpften dabei an alte Traditionen an. So unterhielt **Berta Fanta (1866–1918)**, die dritte und intellektuellste der Intellektuellen dieses Kapitels, in Prag einen philosophischen Salon. Leidenschaftlich setzt sie sich mit Theorien und Weltentwürfen der frühen Moderne auseinander und plaudert, getragen von der bewährten sokratischen Einsicht relativen Nichtwissens, mit ihrem Salongast Albert Einstein über die Relativitätstheorie.

»Philosophischer Salon« – mit diesem Thema kommen wir bei den Anfängen der Salonkultur an, in der griechischen Antike. Schon liegen wir bei diesem oder jenem *Symposium* (= Gastmahl) im Gästekreis zu Tische, laben uns an geistigen, musischen und lukullischen Genüssen. Dabei möchten sich vor unserem inneren Auge gewohnheitsgemäß einige ältere bärtige Männer in wallenden Gewändern und dazu ein paar Jünglinge am Tisch niederlassen. Historisch aktualisiert, könnte die Runde aber durchaus anders zusammengesetzt sein, gab es doch auch damals schon intellektuelle Frauen, die zum philosophischen Gastmahl eingeladen wurden oder selbst einluden; in der Literatur werden sie meist *Hetären* genannt. Diese Bezeichnung, die zunächst nichts mit Prostitution zu tun hat – *hetaira* bedeutet auf Griechisch: Gefährtin –, meint ursprünglich vornehme Frauen, die in nicht ehelicher Bindung mit einem Bürger Athens zusammenlebten, keine Einheimischen, sondern hochgebildete Angehörige der adligen Führungsschicht eroberter Länder, die nach siegreichen Feldzügen der Griechen von diesen als Sklavinnen mitgeführt wurden. Sie galten als Unfreie, hatten aber oft mehr Handlungsraum als die »frei geborenen« Bürgerinnen der Polis, die sie deshalb erst recht als Prostituierte beschimpften. Hetären standen im Mittelpunkt aristokratischer Geselligkeit oder philosophischer Gemeinschaften, wirkten oft auch als Musikerinnen. Die Philosophin und Rhetorikerin **Aspasia von Milet (ca. 470 – 410 v. u. Z.)** war die Lebensgefährtin des athenischen Staatslenkers Perikles und soll diesem oft Reden geschrieben haben. Sokrates preist sie als seine Lehrerin in der Redekunst, er gehörte offenbar zu den Gästen ihres Kreises. Als seine zweite große Lehrerin nennt er die Priesterin **Diotima von Mantineia (5. Jh. v. u. Z.)**. Ähnlich bekannt waren in der Antike noch die Philosophin **Leontion (ca. 300 – 250 v. u. Z.)**, Lebensgefährtin von Epikur und Inhaberin eines eigenen SchülerInnenkreises, und die Mathematikerin und Philosophin **Hypatia von Alexandria (ca. 370 – 415)**, die neben ihrer Lehrtätigkeit an der Universität bei sich im Haus freie Gesprächsrunden initiierte und mit deren grausamer Ermordung durch fanatische Christen die Spätantike ihr unrühmliches Ende fand.

Plato beschreibt in seinem ersten Dialog, »Symposion«, wie Diotima ihrem Schüler Sokrates den »Sokratischen Dialog« beibringt – der deshalb eigentlich »Diotimaischer Dialog« heißen müsste. Thema des Dialogs zwischen Diotima und Sokrates ist die Beschaffenheit des *Eros*. Ist er göttlicher Natur, ist er menschlicher Natur oder ist er ein *daimon* – ein Geist zwischen Menschen und Göttern? Es geht um das große Thema, um das Dichtung, Philosophie und Salongespräch immer wieder kreisten: die Liebe. Methodisch geht es um zwei Urformen des Gesprächs und der Erkenntnisgewinnung: das Fragen und den Dialog – allerdings in Gestalt einer Variante, des *Lehr*dialogs. Salonnièren jedoch lenkten das Gespräch in der Regel nicht als Lehrende, sondern als Interessierte, Anteilnehmende, offen Fragende, gerade das war wichtig für ihre Kommunikation auf Augenhöhe.

Zum Frauenbild der Renaissance gehörten neben Schönheit auch Weisheit, Bildung und musische Begabung, Qualitäten, die – neben intellektuellen Anwältinnen der Überlegenheit des weiblichen Geschlechts wie Moderata Fonte (1555 – 1592) – auch Männer schätzten. Das Bild von der Lehrerin Diotima, die die Philosophen beim Symposium über das Wesen der Liebe belehrt, inspirierte die frühhumanistische Dichtung. Auch die große Kurtisane und Dichterin **Tullia d'Aragona (1510 – 1556)** verfasste »Dialoge über die

Literatur: Ursula I. Meyer (Hrsg.): Die Welt der Philosophin. Teilbd. 1, Antike und Mittelalter (Porträt Diotimas von Mantineia u. Text zu Platons »Symposion«). Aachen 1995 | Beate Neubauer: Europäische Salonkultur. Eine Vortragsreihe. Berlin 1997 | Ulrike Müller (Hrsg.): Stadtrundgänge WEIMAR WEIBLICH. Bd. 2, Frauenpersönlichkeiten in Weimar zwischen Nachklassik und Aufbruch in die Moderne (Porträts über Amalie Winter u. Fanny Lewald). Weimar 1999 | Claudia Altmeyer: Ninon de Lenclos. Lebedame und Philosophin (...). Entn. Marburger Forum. Beiträge zur geistigen Situation der Gegenwart Jg. 4 (2003), Heft 3 <http://www.philosophia-online.de/mafo/heft2003-03/Altmeyer_Lenclos.htm>. Letzter Zugriff: 30.06.2013

Unendlichkeit der Liebe« (»Dialogo dell'Infinità d'Amore«, 1547). Sie galt als äußerst klug und belesen und führte einen philosophischen Salon. Der zeitgenössischen Literatur nach war sie eine *cortigiana onesta*, eine hochgebildete Kurtisane mit größtmöglicher gesellschaftlicher Anerkennung. In ihren Salons in Ferrara, Florenz und Venedig gingen Geistliche, Regenten, Dichter und Wissenschaftler ein und aus. Dennoch starb sie in Rom als verarmte Prostituierte. Die Sängerin und Komponistin **Barbara Strozzi (1619–1677)** war vermutlich ebenfalls eine hoch angesehene *cortigiana onesta*. Sie leitete an der Musikakademie *Accademia degli Unisoni* in Perugia die Debatten über aktuelle Themen aus Kunst, Wissenschaft und Philosophie, etwa zum Verhältnis von Natur und Kultur.

Bereits im 16. Jahrhundert kam die frühhumanistische Gesprächskultur Italiens in Frankreich an, und in den folgenden Jahrhunderten entwickelten französische Salonnièren von Madeleine de Scudéry (1607–1701) bis zu Madame de Staël (1766–1817) ihren spezifischen Esprit, bei dem Sprachleidenschaft, unabhängiger Geist und emanzipatorisches Selbstbewusstsein, Dichtung, Philosophie und Politik untrennbar miteinander verwoben sind. Im 17. Jahrhundert nahm eine Salonnière die Tradition der Hetären wieder auf, deren Name später bei deutschen Pädagogen und Dichtern (allen voran Friedrich Schiller) hysterische Anfälle auslöste ob ihrer amoralischen Un=Verschämtheit: **Ninon de Lenclos (1620–1705)**. Philosophisch gebildet, nahm sie sich die Lebenskunst Epikurs zum Vorbild: heitere Diesseitigkeit ohne Todesfurcht, gegründet auf die Balance aus Lust und Einsicht. Sie heiratete nie und lebte mit den »Gefährten« zusammen, die ihr gefielen. Nicht an Luxus interessiert, wohnte sie in einem schlichten Mietshaus, in dem auch ihr *Gelber Salon* stattfand. Ninon war scharfsinnig, witzig, musisch begabt und galt als Meisterin der Gesprächskunst. Politische Debatten waren bei ihr verboten, scharfe Satiren erwünscht. Zum Gästekreis gehörten Madame de Maintenon (1635–1719), Königin Christina von Schweden (1626–1669), Madame de Sévigné (1626–1696), Molière, die Dichter Scarron und La Fontaine. In ihren Briefdialogen über die Liebe räumt Ninon de Lenclos der Freundschaft den höchsten Stellenwert ein.

Madame Geoffrin (1699–1777), die erste bürgerliche Salonnière von Paris, war keine Philosophin, und ihre Bildung wies infolge der mangelhaften Mädchenerziehung Lücken auf, doch ihre Wissbegier, Klugheit und Großzügigkeit ließen sie ihr Herz und die Türen ihres Salons weit öffnen für die Philosophen der Aufklärung und deren Jahrhundertwerk, die »Encyclopédie« (1746–1767); ohne ihre finanzielle Unterstützung wäre es nie vollendet worden. Wie Ninon untersagte sie politische Debatten in ihrem Salon, um dessen Offenheit und Vielfalt zu bewahren. Doch die Zeiten hatten sich geändert. Die Philosophie der Aufklärung, getragen von Rousseaus verheißungsvollem Satz »Der Mensch ist frei geboren«, erschien in den Salons zunehmend im Verbund mit Politik. Für die Philosophin Diotima war dort, wie es scheint, kein Platz mehr, und so zog sie sich, da ihre revolutionären Kolleginnen ständig im Frauenclub tagten, mit Liebhabern weiblicher Weisheit wie Friedrich Schlegel (»Über die Diotima«, 1795) oder Hölderlin (»Hyperion«, 1797/99) in Literaturwissenschaft und Dichtung zum Gespräch über die Liebe zurück.

MARIE
D'AGOULT

1805–1876

»Die treibende Kraft, die mich im Verlauf dreier Revolutionen (...) ungefähr alle Stufen des sozialen Lebens hat durchlaufen lassen, ist die Wißbegier gewesen, eine leidenschaftliche Wißbegier des Geistes, die das Geheimnis meiner Zeit in sich aufnehmen und verstehen wollte.«

Marie d'Agoult in ihren Memoiren (Teil VI, Bd. 2), 1877

Marie d'Agoult, Fotografie von A. S. Adam-Salomon, um 1861

Die Gräfin Marie d'Agoult gehört zu den für die Geschichte der Salonkultur des 19. Jahrhunderts interessantesten französischen Salonnièren. Von sich selbst sagte sie, dass sie weder schlagfertig noch beredt oder amüsant sei, da ihr Leichtigkeit und spontane Liebenswürdigkeit fehlen würden. Doch mit ihrer umfassenden Bildung und empfindsamen Klugheit, ihrem Fragen und Wissenwollen, ihrer ernsthaften Bemühung um Aufrichtigkeit sowie der Fähigkeit zum Dialog gelang es ihr viele Jahre lang auf souveräne Weise, Menschen miteinander ins Gespräch zu bringen. Bereits als junge Comtesse setzte sie in ihrem Adelssalon drei inhaltliche Schwerpunkte: Philosophie, Geschichte und Musik. In ihren reiferen Jahren, als sie sich in kritischer Distanz zum Adel befand, kam politisches Engagement hinzu: 1844 gründete sie einen Salon, der zum Treffpunkt der gemäßigten demokratischen Opposition um den Außenminister und Dichter Lamartine wurde. Mit diesem Salon, der nach den prächtigen Rosen ihres Gartens »La Maison Rose« benannt wurde, eröffnete sie einen Raum für freie politische Debatten, in denen sie sich selbst immer entschlossener für die republikanische Idee einsetzte.

Etwa zur gleichen Zeit trat Marie d'Agoult auch als liberale Autorin in Erscheinung. War sie 1836 erstmalig von George Sand zum Schreiben ermuntert worden, so wurde sie nun von Émile de Girardin, dem damals wohl bedeutendsten Journalisten Frankreichs, gefördert. Der in den Salons durch sein aufmerksames Schweigen bekannte Girardin war mit der wortmächtigen Dichterin und ersten namhaften Journalistin Frankreichs, Delphine Gay, verheiratet, die mit Marie befreundet war und ihrerseits einen intellektuell akzentuierten Salon unterhielt. Girardin gefielen die feinen, kritischen Texte über kulturelle Ereignisse, die Marie d'Agoult ihm zum Lesen anvertraut hatte. Er publizierte sie anonym in seiner Zeitschrift »La Presse« und ermunterte die Gräfin zu weiteren Publikationen. Um sich und ihre Familie vor Diffamierung zu schützen, schrieb sie fortan unter dem Pseudonym »Daniel Stern«. Wie ihre Novellen und ihr Roman »Nélida« heute zeigen, lag ihre Stärke als Autorin weniger auf dem Gebiet freien literarischen Schaffens als auf philosophischer Reflexion, Geschichtsbetrachtung, Essay und Zeitporträt. Als politische Schriftstellerin wurde sie zuerst mit den »Lettres républicaines« (1848) und den »Esquisses morales et politiques« (1849) bekannt. Ihr wichtigstes Werk, die »Histoire de la Révolution de 1848« (Geschichte der Revolution von 1848) erschien in drei Bänden zwischen 1851 und 1853. Ein weiteres Werk widmete sie Maria Stuart. Ein Jahr nach ihrem Tod kamen ihre Memoiren heraus (»Mes souvenirs«, 1877), die als Zeitbild und sensible Selbstreflexion noch heute lesenswert sind.

Leider werden Marie d'Agoults historische Leistungen als Autorin und Inhaberin eines politischen Salons bis heute zu wenig gewürdigt, da sie immer noch zu einseitig aus der Perspektive der Liszt-BiografInnen wahrgenommen wird. Gern übersehen wird auch, dass sie in den Sternstunden dieser großen Liebe im Dialog mit Franz Liszt ihre ersten (musik-)theoretischen Texte verfasste, die unter seinem Namen in verschiedenen Zeitschriften veröffentlicht wurden, und dass Liszt, von ihr als Komponist ›erweckt‹, in Werken wie der »Grande Fantasie symphonique« (1834), erstmals zu seiner unverwechselbaren Tonsprache fand. Beide begegneten und inspirierten einander am unmittelbarsten im gemeinsamen Innehalten in der Natur, wie etwa am Comer See oder in der Schweizer Bergwelt. Dennoch erscheint Marie d'Agoult in der traditionellen Liszt-Rezeption durchweg als egozentrisch und rachsüchtig, weil sie es wagte, Ansprüche an den Künstler zu stellen, ihn zu kritisieren und ihn nach der Trennung auch noch in Gestalt einer gut erkennbaren Romanfigur in seinen Schwächen und Fehlhandlungen öffentlich darzustellen (in »Nelida«, 1846). Derartige Vergehen ließ und lässt der patriarchale Geniekult nicht zu, dem Marie in den Anfängen dieser Liebe selbst zeitweilig verfallen war und den sie später selbstkritisch so beschrieb: *»Ich glaubte in einer Art von mystischem Wahn, ich sei von Gott berufen, (...) dem Heil dieses Genies geopfert zu werden.«* Nach und nach gingen ihr jedoch die Augen auf, und sie fiel aus der Rolle.

THE SALON OF MADAME D'AGOULT.

Marie Cathérine Sophie de Flavigny war im Dezember 1805 als Tochter der Maria Elisabeth Bethmann (1772–1847) und des emigrierten französischen Aristokraten Alexander Victor François de Flavigny in Frankfurt am Main zur Welt gekommen. Ihr Großvater mütterlicherseits war der bekannte Bankier Bethmann, ihr Vater, der Vicomte de Flavigny, entstammte einem alteingesessenen burgundischen Adelsgeschlecht und war Page Königin Marie Antoinettes, bevor er nach Deutschland emigrierte. Als Napoleon an der Macht war, kehrten die Flavignys nach Frankreich zurück, und Marie wuchs auf einem Landgut in der Tourraine unter der Obhut des Vaters auf, zu dem sie eine innige Beziehung hatte. Sie war ein fantasievolles und sensibles Mädchen, das eher in der väterlichen Bibliothek als über Nadelarbeiten zu finden war. Nach des Vaters plötzlichem Tod wurde sie von ihrer Mutter, die ihr stets fremd blieb, zur weiteren Erziehung ins Kloster Sacre Cœur gegeben. Als sie nach Hause zurückkehrte, befanden Mutter und Bruder sie für heiratsfähig. *»Sie beherrschte mehrere Sprachen, spielte Klavier und sang. Ihre Mitgift war beträchtlich. Die*

»Marie d Agoult in ihrem Salon«, Holzschnitt, 19. Jh.

Besten des Landes warben um ihre Hand«, weiß der Enkel Daniel Ollivier über die von ihm verehrte Großmutter zu berichten und preist dazu ihre Schönheit. Marie d'Agoult war musikliebend und spielte exzellent Klavier, eine Zeit lang nahm sie bei Hummel Unterricht. Bereits als junge Frau lehnte sie, wohl unter dem Eindruck ihrer klösterlichen Erziehung, eine Standesehe ab, weil ihr ein partnerschaftliches Leben nach immateriellen religiösen Idealen vorschwebte. Als aus der von ihr gewünschten Verbindung nichts wurde, heiratete sie, tief enttäuscht, den nächsten der *»Besten«*, und das war der Comte (Graf) und Oberst der Kavallerie, Charles d'Agoult. Sie liebte ihn zwar nicht, aber dafür kam er aus einer berühmten provencalischen Adelsfamilie. 1827 wurde Marie zur Comtesse d'Agoult, lebte nun abwechselnd in Paris und auf dem Gut Croissy und *»... nahm an den erlesensten Vergnügungen des höchsten Adels teil«*. Schon während dieser Zeit initiierte sie musikalische Salons und große Soireen, *»bei denen Rossini am Flügel saß, wo die Pasta, die Malibran, die Sonntag und Nourrit sangen«*. Daneben betrieb sie historische und philosophische Studien, schrieb Tagebücher und Briefe. *»In Wirklichkeit erstickte sie in einer Welt, deren enger Gedankenkreis für die Selbständigkeit und Kühnheit ihres eigenen einen unerträglichen Zwang bedeutete«* (Ollivier).

Während Charles sich strikt dem alten Adel verbunden fühlte, sympathisierte Marie d'Agoult mit der Lehre von Saint Simon; das Geschehen um die Julirevolution 1830 verstärkte noch die Kluft zwischen den Eheleuten. Nach einer Phase tiefer Depression mit längerem Rückzug in ein Sanatorium kehrte Marie Ende 1832 wieder in die Pariser Gesellschaft zurück und lernte dort Franz Liszt kennen. Beide verliebten sich ineinander. Der Comte tolerierte das Verhältnis; er amüsierte sich prächtig mit einer Mätresse. Marie d'Agoult verwandelte ihren Gelehrtensalon, in dem Denker und Dichter wie Michelet, Alfred de Vichy und die Grande Dame der Salonkultur, Madame Récamier (1777–1849), verkehrten, nun in einen Musiksalon und arrangierte darin für Liszt und weitere Künstler wie Chopin perfekte Spielbedingungen und Kontakte. Liszt wiederum verhalf ihrem Salon mit seinen virtuosen Auftritten in kurzer Zeit zu europaweiter Berühmtheit.

1834 starb, knapp sechsjährig, die ältere ihrer zwei Töchter, Louise: Marie d'Agoult dachte an Selbstmord. Nachdem sie aber im Frühjahr 1835 von Liszt schwanger geworden war, entschloss sie sich, von nun an ganz mit Liszt zusammenzuleben. Beide kehrten Paris den Rücken und ließen sich im Mai 1835 in Genf nieder, wo Marie gleich wieder einen Salon eröffnete. Die Ehe der d'Agoults wurde geschieden, Marie brachte ihre dritte Tochter, Blandine, zur Welt. (Diese heiratete später Emile Ollivier, der eine Zeit lang Ministerpräsident von Frankreich war.) Anders als von den Pariser Adelskreisen erfuhr Marie von ihrer eigenen Familie keine Ächtung; der Comte ließ ihr sogar freien Zugriff auf ihre Mitgift. Nach der Pariser Konzertsaison 1836, in der George Sand ihren Salon gemeinsam mit Marie d'Agoult führte, ging das Paar nach Italien und bezog eine Villa in Bellagio am Comer See. Während Liszt in Europa auf Tournee war, verbrachte Marie nach der anstrengenden Geburt von Cosima (1837) mehrere Monate schwer krank allein in Venedig; in der Beziehung kam es zu Krisen. In Lugano, der nächsten Lebensstation, gebar Marie 1839 ihren gemeinsamen Sohn Daniel. Zur Bewältigung der

George Sand und Marie d'Agoult in einer Loge der Comédie Française, 1834

Krise wurde noch im selben Jahr eine Phase vorübergehender Trennung verabredet, 1844 erfolgte jedoch die endgültige Trennung.

Marie d'Agoult hatte den sechs Jahre jüngeren Liszt zum Kern seines Wesens, zum Komponieren bringen wollen, ihn sich für das gemeinsame Streben nach geistiger Vertiefung als kontinuierliches Gegenüber gewünscht. Sie sah in ihm *»ein besonderes Wesen, das allen andern überlegen war«*. Aber ihr *»Engel«* mit den *»großen meergrünen Augen«* war auch ein sehr irdischer, durch die Wonnen der eigenen grandiosen Wirkung verführbarer junger Mann, der infolge seiner extremen Begabungen auch in extreme Zustände geriet. Für Marie war es nicht einfach, diese Seelenausschläge zwischen Bühnenräuschen und mönchischer Einkehr mitzuvollziehen. Auch hatten Applaus, Geschenke und Damenohnmachten in den Adelssalons für das Wunderkind aus der Provinz (das stets schwer nein sagen konnte) weit mehr Anziehungskraft als für die Gräfin, die dem schönen Schein ihrer Klasse gerade für die große Liebe den Rücken zugekehrt hatte. Folglich verletzte es sie umso mehr, in eine Konkurrenzsituation mit den schnell welkenden Blümelein unter Liszts Reisekopfkissen hineingezogen zu werden. Sie hatte alles riskiert und war ausgestiegen; er konnte und wollte noch nicht aussteigen; letztlich befanden sich beide auf einem unterschiedlichen Stand ihrer Entwicklung. Ein paar Jahre später hatte Liszt selbst genug vom Virtuosenleben und bot seiner neuen Geliebten die Bedingungen, die Marie d'Agoult ihm und sich so sehr gewünscht hatte. *»Wenn er gewesen wäre, was er hätte sein sollen, wäre ich geblieben. Aber mein Name würde dann nie aus dem Dunkel herausgetreten sein.«* Als Marie d'Agoult das schrieb, war das Stadium ihrer Kränkung und Ent=Täuschung vorbei. Ohnehin hatte sie Liszt nie hassen und schlechtmachen müssen, um gehen zu können, obwohl sie ihn so stark idealisiert hatte. In ihren Erinnerungen reflektiert sie, dass er die Liebe ihres Lebens war, bekennt aber auch, ohne die Trennung hätte sie sich nicht weiterentwickelt und wäre sie nie »Daniel Stern« geworden.

Als die Gräfin d'Agoult die Zeit für gekommen hielt, sich aus Altersgründen zurückzuziehen, überließ sie einer Bürgerlichen, **Juliette Lambert**, später **Adam (1836–1936)**, ihren Salon zur Fortführung. Es war seit rund 200 Jahren bewährte Pariser Tradition, dass eine Salonnière ihr geistiges Erbe einer jüngeren Nachfolgerin anvertraute, aber diese klassenübergreifende Variante war neu. Obwohl Marie d'Agoult der Verlust ihrer adligen Heimat schmerzte, wandte sie sich dem bürgerlichen Aufbruch in eine neue, gerechtere Gesellschaftsordnung zu, aber, wie sie schreibt, *»ohne Fanatismus«*, denn sie sah voraus, dass Utopie und Realität noch sehr weit voneinander entfernt waren. Bemerkenswert ist, wie klar sie die Diskriminierung von Frauen in der Gesetzgebung wahrnahm und kritisierte. Sie hatte diese selbst auf das Schmerzlichste

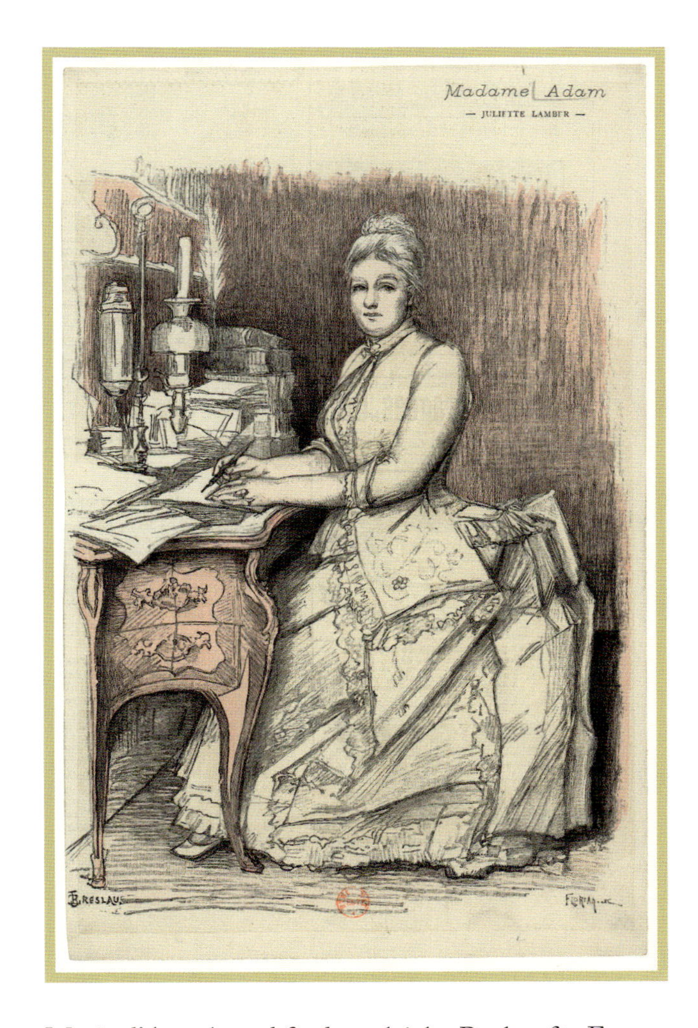

Juliette Lambert, Mme. Edmond Adam, undatierte Zeichnung

erfahren, als Liszt ihr nach der Trennung auf der Basis der französichen Gesetzgebung das Sorgerecht entzog und die Kinder unter dem Einfluss der eifersüchtigen Carolyne von Sayn-Wittgenstein schließlich ganz wegnahm, obwohl er sich bis dahin kaum um sie gekümmert hatte. *»Ich protestiere vor allen Müttern gegen das gewaltsame Unrecht«*, schrieb Marie empört. Klar analysiert sie die tonangebende Rolle, die auch die katholische Glaubenslehre und Exegese für das negative Frauenbild und die Frauenunterdrückung in ihrer Zeit spielten: *»Für unser heutiges Gewissen, das überall gleiches Recht will, ist die Ungleichheit der Geschlechter unter einem tyrannischen Gesetz und unter beklagenswerten, auf ewig von Gott verfluchten Umständen, ein unerträglicher Gedanke und eine Beleidigung des Menschengeistes.«* (Memoiren, Teil VI, Bd. 2)

Mit Genuss hat Marie d'Agoult sicherlich die erste der kampfeslustigen Streitschriften für die politischen Rechte der Frauen gelesen, die ihre spätere Salonerbin Juliette Adam schon 1858, als 22-Jährige, veröffentlichte: »Antiproudhoniennes sur l'amour, la femme et le marriage«. Juliette Adam widerlegt darin die Grundannahmen des diskriminierenden Frauenbildes des Sozialisten Proudhon, welche die in der Gesellschaft vorherrschende Frauenfeindlichkeit widerspiegeln. Auf Proudhons These, dass eine Intellektuelle (wie z. B. George Sand) der widernatürliche weibliche Auswuchs der physischen Unterlegenheit der Frau sei (die ja auch das kleinere Gehirn habe), antwortet sie dem Sozialisten (der ja an die Fähigkeiten der unteren Klasse glaubt) lakonisch: *»Un portefaix sera un plus fort penseur qu'un philosophe«* – *»Ein Lastenträger wird ein stärkerer Denker sein als ein Philosoph«*. Sie verteidigt ihre geistigen Mütter George Sand und Marie d'Agoult und fordert gleiche Rechte für Frauen in viererlei Hinsicht: politisch (Wahlrecht), sozial (Berufsausübung), individuell (Bildung) und familiär (Ehe und Kindererziehung). In dieser Schrift stellt sie auch die berühmte These auf, dass der Grad der Zivilisiertheit einer Gesellschaft am Maß der Wertschätzung der Frauen, die in ihr leben, ablesbar sei.

Die aus einer temperamentvollen Landarztfamilie in der Picardie stammende Juliette Adam war mit

ebensolcher Leidenschaft Feministin wie Französin, Patriotin und Streiterin für die Republik. Sie muss als Rednerin von großer Überzeugungskraft gewesen sein und war nicht nur so couragiert, dass sie ihren Salon während der letzten Jahre des Zweiten Kaiserreichs zum Zentrum der radikalen republikanischen Opposition gegen die Diktatur unter Napoleon III. machte, sondern auch von einer so hinreißenden Schönheit, dass der Komponist Meyerbeer ihr täglich einen Veilchenstrauß in ihr Palais schicken ließ. Die Oppositionellen fanden bei ihr neben geistiger und rechtlicher auch materielle Unterstützung, denn an ihrer Seite stritt ein mächtiger Verbündeter: Edmond Adam, mit dem sie glücklich in zweiter Ehe (1868) verheiratet war. Adam, Anwalt und Verwaltungsrat des »Comptoir d'escompte«, stellte sich als einziger reicher Mann von Paris gegen den kaiserlichen Hof und erklärte sich offen zum Republikaner. Nach der Gründung der Republik 1870 wurde er Polizeipräfekt von Paris, dann Senator auf Lebenszeit. 1879, im Jahr seines Todes, gründete Juliette Adam die Zeitschrift »L'Esprit Libre«, deren Namen sie so lange änderte, bis diese als »La Nouvelle Revue« für die nächsten zehn Jahre zum wichtigsten Medium der politischen Linken in Frankreich wurde. Ihr großer Mitstreiter, später auch Mitherausgeber – und Salongast –, war Émile de Girardin. Ziel der Publikation war es, politisch enttäuschte französische Intellektuelle neu zu motivieren und Bismarck und das deutsche Kaiserreich zu bekämpfen. Nach Preußens militärischem Sieg über Frankreich 1870/71 war eines von

Juliette Adam, um 1870

Juliette Adams zentralen Themen die »*Revange*«. Daneben betätigte sie sich als Herausgeberin von Literatur, unter anderem der Werke von Paul Bourget und Guy de Maupassant.

Zu Juliette Adams Gästekreis an ihren Mittwochabenden gehörten republikanische liberale Politiker und Schriftsteller wie Adolphe Thiers, Émile Marcere, Eugène Pelletan, Louis Blanc, Alphonse Daudet, Camille Flammarion, Guy de Maupassant, Gustave Flaubert und Iwan Turgenjew. Mit der Gründung der Dritten Republik war aus Adams oppositionellem Salon ein Ort geworden, an dem Regierungspolitik betrieben wurde. Hier fand ihr Salonheros und wohl auch zeitweiliger Geliebter, der radikale Republikaner und kurzzeitige spätere französische Ministerpräsident Léon Gambetta, eine Agitationsbühne. Juliette Adam stand mehrere Jahre lang so unter seinem Bann, dass sie, die doch für die Rechte der Frauen kämpfte, für seine Agitation Frauen aus ihrem Salon ausschloss. Als Gambettas Selbstherrlichkeit immer unerträglicher wurde und er für seine Karriere auch ehemalige Mitstreiter fallen ließ, distanzierte sie sich jedoch von ihm, und ab etwa 1890 fand sich in ihrem Salon ein breiteres Spektrum von Gästen ein, Frauen gehörten wieder selbstverständlich mit dazu. Zwischen tagespolitischen Debatten und Dichterlesungen deklamierten Künstlerinnen und Künstler der *Comédie française* Texte und trugen Opernarien vor, während Massenet oder Gounod sie auf dem Klavier begleiteten.

Nach dem Ende des Ersten Weltkrieges wurde die über 80-Jährige vom französischen Premierminister Clemenceau zur Unterzeichnung des Versailler Friedensvertrags eingeladen. Kritische Stimmen bescheinigen ihr in den letzten Lebensjahrzehnten einen übersteigerten Nationalismus. Bis heute trägt in Paris eine Straße im 17. Arrondissement den Namen *rue Juliette Lamber* – unter dem Namen »Lamber« veröffentlichte sie einen großen Teil ihrer Schriften. Das Besondere an dieser Straßenbezeichnung ist, dass sie 1881 von der Namensträgerin selbst vorgenommen wurde. Es soll die Akteurin allerdings eine Menge Geld gekostet haben, bis der Magistrat die private Benennung ihres privaten Weges 1895 als öffentliche Namensgebung für eine öffentliche Straße anerkannte.

Literatur: Winifred Stephens: Madame Adam (Juliette Lamber). La grande Française. From Louis Philippe until 1917. London 1917 | Marie d'Agoult. Memoiren. 2 Bde. Hrsg. v. Daniel Ollivier, mit einem Geleitwort v. Siegfried Wagner. Dresden 1928 | Marie d'Agoult. Meine Freundschaft mit Franz Liszt. Mit einem Vorwort v. Siegfried Wagner. Dresden 1930 | Sigrid Lambertz: Die »femme de lettres« im »Second Empire«. Juliette Adam, André Léo, Adèle Esquiros (...). St. Ingbert 1994 | Verena von der Heyden-Rynsch: Europäische Salons. Höhepunkte einer versunkenen weiblichen Kultur. München 1992 | Klára Hamburger: Franz Liszt. Leben und Werk. Köln/Weimar/Wien 2010

FANNY
LEWALD

1811 – 1889

»Die vollständige Entwicklung und der dadurch allein mögliche freie Gebrauch der Fähigkeiten, das ist die wahre Emanzipation (...) des weiblichen Geschlechts ... die Art, in der wir in den ›höheren Töchterschulen‹ (der bloße Titel ist schon eine Abgeschmacktheit) unterrichtet werden, ist darauf angelegt, uns oberflächlich zu machen ...«

Siebenter Brief »Für und wider die Frauen«, 8. Mai 1869

Fanny Lewald, undatierte Fotografie

Fanny Lewald war eine der erfolgreichsten Autorinnen ihrer Zeit und konnte sehr gut vom Schreiben leben. Sie gehört zu den ersten Berufsschriftstellerinnen in Deutschland. Ihre Romane hatten die für damalige Verhältnisse sensationelle Auflagenhöhe von 4000 Exemplaren. Wie vor ihr Johanna Schopenhauer bewies sie in den Verhandlungen mit den Verlegern großes Geschick und Durchsetzungsvermögen. Dafür, dass ihre Werke gelesen wurden, sorgte sie auch mit eigener Öffentlichkeitsarbeit.

Mehr als 30 Jahre lang führte Fanny Lewald einen bedeutenden Salon, in dem sie, über literarische Themen hinausgehend, auch für politische und wissenschaftliche Diskussion einen Gesprächsraum bot. Wie Petra Wilhelmy-Dollinger in ihrer Untersuchung über die Berliner Salonkultur darstellt, war Fanny Lewalds liberaler Salon in den 1850er und 1860er Jahren neben dem der demokratisch gesinnten Lina Duncker

Ludmilla Assing, Gemälde aus dem Jahr 1853

(1825–1885) der wichtigste Salon für eine fortschrittliche politische Debatte in der preußischen Hauptstadt. In beiden Kreisen verkehrten VertreterInnen der deutschen Revolution von 1848. Zu Fanny Lewald kamen unter anderem der Verleger verbotener demokratischer Literatur und Publizist Julius Fröbel, der liberale General Ernst von Pfuel und der Königsberger Arzt und Radikaldemokrat Johann Jacoby, der 1848 dem preußischen König Friedrich Wilhelm IV. aus der Nationalversammlung den Satz zugerufen hatte: *»Das ist das Unglück der Könige, daß sie die Wahrheit nicht hören wollen!«* Fanny hatte ihrerseits in einem Brief vom 17. Dezember 1848 kühn an Großherzog Carl Alexander von Sachsen-Weimar-Eisenach geschrieben: *»Sehen Sie, Königliche Hoheit! – Das Unglück der Fürsten ist, daß sie so schwer den Begriff aufgeben, Eigenthümer ihrer Länder zu sein.«* Zu den politischen BesucherInnen ihres Salons gehörten der Sozialist und Schriftsteller Ferdinand Lassalle, der Besitzer der liberalen Berliner »Nationalzeitung« Dr. Bernhard Wolff, der Nationalökonom Gustav von Schönberg und, etwas später, die Feministin Hedwig Dohm (1931–1919). Auch bedeutende Schriftsteller des bürgerlichen Realismus wie Storm, Keller und Fontane nahmen an Fanny Lewalds »Montagabenden« teil. Weitere literarische Gäste, von denen die meisten auch journalistisch arbeiteten, waren Karl Gutzkow, Luise Mühlbach (1814–1873), die in Berlin ebenfalls einen Salon führte, Levin Schücking, Berthold Auerbach, Paul Heyse und die englische Autorin George Eliot (1819–1880). Zum engeren Kreis ihres Salons gehörten Varnhagen van Ense und die Schriftstellerin und Journalistin Ludmilla Assing (1821–1880); sie war Varnhagens Nichte und zugleich eine Cousine von Fanny Lewald. Ludmilla Assing führte selbst erst in Berlin, dann in Florenz einen politisch-literarischen Salon und war auch eine begabte Zeichnerin. Nach ihrer Edition der Briefe Alexander von Humboldts und der Tagebücher Varnhagens wurde sie von den preußischen Behörden unter Bismarck steckbrieflich gesucht. Den wertvollen Nachlass ihres Onkels (der in etwa identisch ist mit der heute in Krakau aufbewahrten »Sammlung Varnhagen«) vermachte sie der Königlichen Bibliothek zu Berlin. Ludmilla Assing gehörte dem *Risorgimento*, der italienischen Unabhängigkeits- und Einigungsbewegung, an. Auch Fanny Lewald engagierte sich dort und traf sich in Italien mehrfach mit dem Freiheitskämpfer Garibaldi.

Fanny Lewalds große Vorbilder für die jüdische Salonkultur in Berlin waren Sarah Levy (1761–1854), Henriette Herz (1764–1847) und Rahel Varnhagen. Als junge Frau hatte sie die beiden Erstgenannten noch erlebt; auch ihr schwebte das Ideal offener dialogischer Gesprächskultur in einer *»Republik des freien Geistes«* vor, getragen von Toleranz und dem Bestreben nach umfassender Bildung. Und so fanden sich in ihrem Salon unter den vielen 48er-Aktiven auch Gäste wie der exzentrische Fürst Pückler-Muskau oder der Weimarer Großherzog Carl Alexander ein. Dazu kam eine größere Zahl von MusikerInnen, unter ihnen Franz Liszt, die Sängerin Wilhelmine Schröder-Devrient (1804–1860) und die Schauspielerin Marie Seebach (1829–1897). Auch die neuesten Entwicklungen in den Naturwissenschaften rückte Fanny Lewald ins Zentrum der Diskussion, indem sie Vertreter der Evolutionstheorie wie den Zoologen Anton Dohrn, der als Erster die Phylogenese erforschte, den 48er-Revolutionär und Zoologen Carl Vogt und den Arzt, Abstammungsforscher und Philosophen Ernst Haeckel in ihren Salon einlud. In der Auseinandersetzung zwischen katholischem Klerus und Darwinisten stellte Fanny sich klar auf die Seite der Wissenschaftler. Ihre Ablehnung der katholischen Lehre ging mit ihrem da noch ungebrochenen Glauben an den Fortschritt und die menschliche Vernunft einher, mit dem sie bereits großgeworden war.

Fanny Lewald wuchs in Königsberg als ältestes von neun Kindern in einer jüdischen Kaufmannsfamilie auf. Ihr Vater, der Weinhändler David Markus, kam aus gebildeten liberalen Verhältnissen; dennoch regierte er die Familie einschließlich seiner schönen, doch kaum gebildeten Frau Zipora Assur äußerst autoritär. Die Eckpfeiler seiner Erziehung hießen Assimilation und Aufklärung. So wurde Kants Pflichtethik für Fanny zur frühen Lektüre, während Religion kein Thema war; sie erfuhr erst von einer gläubigen jüdischen Nachbarin, dass sie Jüdin war. Der Vater ließ sie sogar eine koedukative, pietistische Schule besuchen, doch nur bis zu ihrem 14. Lebensjahr, dann wurde sie dem Dressurprogramm für höhere Töchter unterworfen. Während ihre beiden Brüder weiter zur Schule gehen und danach studieren durften, traktierte Fanny das Pianoforte, langweilte sich bei Handarbeiten und versorgte den Haushalt, wenn ihre Mutter krank war. 1828 beendete ihr Vater abrupt ihre erste Liebesbeziehung zu einem Studenten der evangelischen Theologie. An Selbstbeherrschung von klein auf gewöhnt, begehrte Fanny nicht auf. Über der tröstlichen Lektüre der Briefe Rahel Varnhagens begann sie jedoch die väterliche Autorität und ihren eigenen Gehorsam zu hinterfragen, bereute ihre 1828 durchgesetzte Konversion zum Protestantismus (*»die einzige Lüge meines Lebens«*). 1831 verordnete Vater David der Familie den Namen Lewald. 1832 durfte ihn die 21-jährige Fanny auf einer Geschäftsreise begleiten, doch sie begriff bald, dass sie die Ware war, die an den Mann gebracht werden sollte. Unterwegs in Breslau lernte sie ihre Tante Minna Simon kennen, eine selbstbewusste, kluge und herzliche Frau, die sie sich zur Wahlmutter erkor. Im Kreis der Verwandten nahm sie erstmalig an Gesprächen über die aktuelle soziale und politische Lage teil, las verbotene Werke von Heine und Börne, begeisterte sich für George Sand und verliebte sich in ihren Cousin Heinrich Simon; nach Jahren wurde eine Freundschaft daraus.

Als ihr Vater ihr 1834 einen Heiratskandidaten aufzwingen wollte, verweigerte Fanny sich ein für alle Mal einer Konvenienzehe. Ihr Onkel August Lewald, der in Stuttgart die liberale Zeitung »Europa« herausgab, druckte, nachdem er ihre literarische Begabung entdeckt hatte, ohne ihr Wissen Texte von ihr ab und verschaffte ihr eine Auftragsarbeit. Nun ›musste‹ Fanny mit dem Schreiben Geld verdienen und veröffentlichte schon 1843, anonym, erste kritische Aufsätze wie »Einige Gedanken über Mädchenerziehung«. Nach dem Erfolg ihrer ersten beiden Romane »Clementine« (1842) und »Jenny« (1843), die durch die Vermittlung des Onkels bei Brockhaus erschienen, ließ sie sich 1845 in Berlin nieder, zirkulierte dort alsbald in den literarischen Kreisen des Vormärz und veröffentlichte nun unter eigenem Namen. Sie lernte Fanny Hensel (1805–1847) und Felix Mendelssohn kennen und begegnete Therese von Bacheracht (1804–1852), die ihre wichtigste Freundin wurde. Noch im selben Jahr reiste sie nach Italien, traf in Rom Ottilie von Goethe, Adele Schopenhauer und Sibylle Mertens-Schaaffhausen und verliebte sich in den Schriftsteller und Publizisten Adolf Stahr (sie konnte ihn erst 1855 heiraten, da er noch ehelich gebunden war). Im Revolutionsjahr 1848 besuchte sie Heinrich Heine in Paris, nahm an Versammlungen in der Frankfurter Paulskirche teil und erlebte in Berlin den Aufstand, was sich anschaulich in ihren »Erinnerungen aus dem Jahr 1848« nachlesen lässt.

Die Schreibweise Fanny Lewalds lässt sich als ›journalistisch‹ charakterisieren: realitätsnah, klar und unsentimental. Fanny besaß einen analytischen Blick, aber auch Charme und Witz. Für ihr großes Lebensprojekt – die bürgerliche Emanzipation der Frau mit dem Recht auf Bildung und Berufsarbeit – entwickelt sie im Grunde eine eigene Romanform, verwischte darin die Grenzen zwischen Dichtung und Sozialreport, Fiktion und Autobiografie. Keller und Fontane kritisierten Fannys Romane aus genau diesem Grund und entsprachen damit der nach 1848 beginnenden Abwertung von engagierter Literatur als »Tendenzliteratur«. Den LeserInnen jedoch gefiel genau diese Mischung, in der die Autorin einerseits differenzierte weibliche Romancharaktere zeichnete, andererseits auf unterhaltsame Weise reale Probleme wie die Zwangsverheiratung oder die Situation der Juden

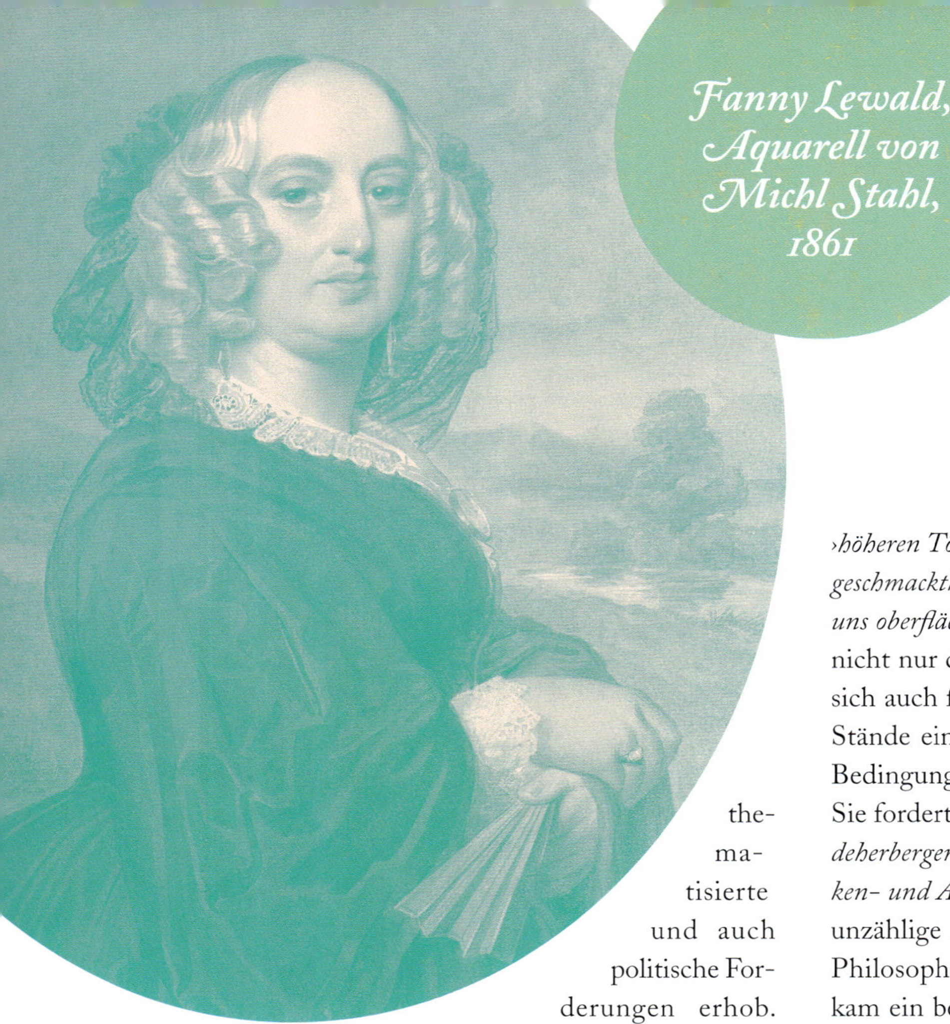

Fanny Lewald, Aquarell von Michl Stahl, 1861

thematisierte und auch politische Forderungen erhob. Dass Fanny Lewald das sprachlich-literarische Handwerkszeug souverän beherrschte, zeigt besonders ihr satirischer Roman »Diogena« (1847), in dem sie Leben und Wirken der adligen Schriftstellerin Ida Hahn-Hahn aufs Korn nimmt und genüsslich mit einem so boshaften Witz parodiert, dass sich das Buch heute noch zu lesen lohnt. Neben 27 Romanen und ihrer in sechs Bänden edierten Lebensgeschichte (1861/62) verfasste Fanny Lewald auch literarische Porträts wie ihre »Erinnerungen an Franz Liszt« (1887) sowie zahlreiche Reiseberichte, darunter das »Italienische Bilderbuch« (1847). In ihren politischen Schriften, den »Osterbriefen für Frauen« (1863) und den 14 Briefen »Für und wider die Frauen« (1870) entfaltet sie ihre sprachlichen Qualitäten als weibliche Streitkunst zwischen sachlicher Argumentation und sarkastischer Polemik. So heißt es im siebenten Brief vom 8. Mai 1869: »*Die vollständige Entwicklung und der dadurch allein mögliche freie Gebrauch der Fähigkeiten, das ist die wahre Emanzipation (...) des weiblichen Geschlechts ... die Art, in der wir in den ›höheren Töchterschulen‹ (der bloße Titel ist schon eine Abgeschmacktheit) unterrichtet werden, ist darauf angelegt, uns oberflächlich zu machen ...*«. Fanny Lewald kritisiert nicht nur die bürgerliche Mädchenerziehung, sie setzt sich auch für die weiblichen Arbeitskräfte der unteren Stände ein, die für Billiglöhne und oft unter elenden Bedingungen in Fabriken und Haushalten arbeiteten. Sie fordert »*... die Einrichtung von Frauen-Hotels, Mägdeherbergen, Speiselokalen, von Asylen (...), sowie Kranken- und Altersversicherung*«. Auf ihre Briefe erhielt sie unzählige Antworten und Anfragen. Vom englischen Philosophen und Frauenrechtler John Stewart Mill kam ein begeisterter Kommentar, der Fannys Tonlage als Frauenrechtlerin kurz und treffend so charakterisiert: »*free (...) of indiscret violence or timid concession*« – »*(Sie war) sowohl frei von taktloser Grobheit als auch von furchtsamer Nachgiebigkeit*«.

In ihren mittleren Lebensjahren wurde Fanny Lewald wegen ihrer herrschaftlichen Erscheinung mit der imposanten Lockenfrisur gern »der große Kurfürst« genannt, und sie wusste sich in der Tat Respekt zu verschaffen: »*Wie ist es zu erklären, Königliche Hoheit, daß Sie am Hofe zu Weimar noch heute der Künstlerin den freien Zutritt versagen, den Sie dem Manne gewähren – (...) ohne allen Grund, als weil sie eine Frau ist?*«, fragt sie den Regenten Carl Alexander, der sich von ihr gern politisch beraten ließ, im Brief vom 13. Mai 1864. Bei den Weimarer Shakespeare-Tagen im April 1864 war ihr Gatte Adolf Stahr zum Diner beim Großherzog eingeladen worden, sie selbst nicht. Mit dem Verweis auf ihre anerkannte Bedeutung als Schriftstellerin stellt sie gleichermaßen empört und nüchtern fest: »*Unter all den Männern, die zur Shakespearefeier geladen und zusammengekommen, (...) war keiner (...) mir geistig oder an Tüchtigkeit des Charakters überlegen.*« Wenn es um Realpolitik ging, zeigte Fanny Lewald sich als Anwältin maßvollen Handelns. Auch die weibliche Emanzipation sei, so glaubte sie, nur schrittweise zu erreichen. In ihrem Salon trat sie gern und mehrmals erfolgreich als Vermittlerin zwischen politischen Kontrahenten auf. Auch wenn sie einige ihrer eigenen inneren Widersprüche niemals auflöste – etwa dem zwischen ihrer emanzipierten Berufstätigkeit und der Klischeevorstellung, dass jede Frau von einer glücklichen Ehe träumen müsse; auch wenn sie inzwischen Goethe statt Heine las und auch wenn sie im Kaiserreich unter Wilhelm I. und Bismarck am Ende eine nationalliberale Position einnahm: Von ihren Forderungen für die Frauen wich sie nie ab. Ihr wachsender Konservatismus entzündete sich am aufstrebenden Materialismus und drohenden Verlust humanistischer Werte in der Gründerzeit. Wie ihr literarisches Vorbild George Sand glaubte sie, die Menschen seien noch nicht reif genug für eine republikanische Gesellschaftsordnung, und hielt daher die Herstellung der nationalen Einheit erst einmal für wichtiger. Die Freiheit wollte sie diesem Ziel dennoch nicht opfern.

Im Alter verfolgte Fanny Lewald, wie ihr Tagebuch belegt, trotz zunehmender Beeinträchtigung durch ein schweres Asthmaleiden bis in die letzten Lebensmonate mit wachem Geist die politischen Ereignisse der Zeit. Im Sommer 1889 verließ sie wegen des ungünstigen Klimas noch einmal für ein paar Tage ihr Berliner Zuhause und reiste nach Dresden, wo sie aber nach wenigen Wochen ihrem Leiden erlag. Fanny Lewald starb als eine europaweit berühmte Schriftstellerin, deren Werke sich bis zuletzt großer Beliebtheit erfreuten. Sie wurde neben Adolf Stahr auf dem alten Wiesbadener Friedhof bestattet. In Dresden erinnert heute die *Fanny-Lewald-Straße* an sie. Ihre Werke wurden in den 1990er Jahren im Ulrike Helmer Verlag wieder neu aufgelegt.

Literatur (Auswahl): Fanny Lewald: Freiheit des Herzens. Lebensgeschichte – Briefe – Erinnerungen. Hrsg. u. mit einem Nachwort versehen v. Gerhard Wolf. Berlin 1987 | Fanny Lewald: Politische Schriften für und wider die Frauen. Neuauflage, hrsg. u. eingeleitet v. Ulrike Helmer. Frankfurt am Main 1989 | Dies.: Diogena. Roman von Iduna Gräfin H. H. Neuauflage, hrsg. u. mit einem Nachwort u. Glossar v. Ulrike Helmer. Königstein/Taunus 1996 | Dies.: Mein gnädigster Herr! Meine gütige Korrespondentin! Fanny Lewalds Briefwechsel mit Carl Alexander von Sachsen-Weimar. Mit einer Einführung v. Eckart Kleßmann. Weimar 2000 | Margareta Pazi: Fanny Lewald. Die sanfte Emanzipation der Frau. In: Jutta Dick, Barbara Hahn (Hrsg.): Von einer Welt in die andere. Jüdinnen im 19. und 20. Jahrhundert. Wien 1993 | Angelika Pöthe, Carl Alexander. Mäzen in Weimars »Silberner Zeit«. Köln/Weimar/Wien 1998 | Petra Wilhelmy-Dollinger: Die Berliner Salons. Berlin/New York 2000 | Margaret E. Ward: Fanny Lewald. Between Rebellion and Renunciation. New York u.a. 2006 | Andrea Neuhaus: Fanny Lewald wäre Ende März 200 Jahre alt geworden (...) Entn. Welt online <http://www.welt.de/print/die_welt/vermischtes/article12965896/Fanny-Lewald-waere-Ende-Maerz-200-Jahre-alt-geworden-Ein-kleiner-Verlag-bringt-seit-geraumer-Zeit-die-Werke-der-ersten-deutschen-Bestseller-Autorin-neu-heraus.html>. Letzter Zugriff: 26.03.2011 | Fanny Lewald. Entn. FemBio Institut für Frauen-Biographieforschung <http://www.fembio.org/biographie.php/frau/biographie/fanny-lewald/>. Letzter Zugriff: 03.08.2013 | Gisela Brinker-Gabler: Fanny Lewald. Entn. Jewish Women's Archive <http://jwa.org/encyclopedia/article/lewald-fanny>. Letzter Zugriff: 20.06.2013 | Fanny Lewald. Entn. Deutsche Biographie <http://www.deutsche-biographie.de/xsfz61263.html>. Letzter Zugriff: 20.06.2013

BERTA
FANTA

1866 – 1918

»Ich will dieses Kunstwerk Welt verstehen lernen, in seinen Hauptgedanken, seinem wunderbaren Formenreichtum, (...). Wenn man den Mut und die schöne Fähigkeit hätte, sich selbst als ein Kunstwerk zu verstehen, wie könnte man sich über sich freuen!«

Berta Fanta, Tagebucheintrag vom 26. November 1901

(»Frau Apothekerin«) Berta Fanta, undatierte Fotografie

Die Geschichte von Berta Fanta und ihrem philosophischen Salon ist nicht zu trennen von der Geschichte und dem Gesicht der Stadt Prag um 1900, geprägt von Leben und Kultur, Miteinander und Nebeneinander der tschechischen, deutschen und jüdischen Bevölkerung unter dem Dach der autoritären k.u.k. Doppelmonarchie Österreich-Ungarn vor dem Ersten Weltkrieg. Berta Fantas Salon gehörte mitten hinein in die erste Prager Blütezeit der künstlerischen, wissenschaftlichen und politisch-sozialen Aufbrüche in die Moderne und das einmalige Zusammenwirken von jüdischen und deutschen Intellektuellen zu jener Zeit.

Gemeinsam mit ihrer Schwester Ida Freund machte Berta Fanta das Haus »Zum weißen Einhorn« in der Altstadt von Prag im ersten Jahrzehnt des 20. Jahrhunderts zu einem der bedeutendsten Orte geistiger Begegnung der Stadt. *»Welcher Genuss müsste es für mich sein, mit einigen Menschen umzugehen, die mir geistig verwandt wären!«*, notierte sie am 7. Dezember 1901 in ihr Tagebuch. Anfänglich luden die beiden jungen Frauen vor allem zu Lesungen, Musikvorträgen, Aufführungen von selbst verfassten Theaterstücken,

Einhorn-Relief über dem ehemaligen Haus der Fantas in Prag

auch zu Kostümbällen und großen Gesellschaften in die saalartigen Räume des Hauses ein; zu einem Silvesterfest präsentierten Franz Kafka und sein Schulfreund Oskar Pollak ein eigenes Theaterstück. Berta spielte gern vierhändig, liebte die Musik von Smetana, Dvořák oder auch Chopin, schwärmte erst für Richard Wagner, entdeckte dann den weniger bekannten Franz Liszt für sich. Schon bald aber sammelte sie an jedem Dienstagabend einen Kreis von Intellektuellen um sich, in dem es um philosophische Themen ging. Musiziert wurde weiterhin, und ab und an trug auch ein junger Autor namens Franz Werfel seine neuesten Gedichte vor. Die meisten der Gäste waren Männer, Wissenschaftler und Schriftsteller, Professoren der Deutschen Universität, die seit 1882 in Prag bestand: die Mathematiker Gerhard Kowalewski und Albert Einstein, dessen Relativitätstheorie (1905/1916) aktuell bei Berta Fanta diskutiert wurde, der Physiker Philipp Frank und der Philosoph Oscar Kraus, der Universitätsbibliothekar und Journalist Felix Weltzsch, der Kunsthistoriker Oskar Pollak und ab und an Franz Kafka – regelmäßiger kam dessen Freund, der Schriftsteller Max Brod. Berta Fantas Gäste waren zeitlebens mit Hochachtung vor ihr erfüllt. Kowalewski schreibt in seinen Erinnerungen: *»In Prag gab es eine geistig sehr hochstehende Dame, Frau Berta Fanta, die ähnlich wie Madame de Staël einen Kreis von Intellektuellen um sich sammelte … Wir staunten (…) über den geistigen Hochstand dieser Frau.«* (1950) Und Max Brod resümiert in seinem Nachruf auf sie: *»Ihr Grundzug des stetigen gütigen Angeregtseins und Anregens*
befähigte sie (…) zur Pflege der Geselligkeit
im höchsten Sinne des Wortes.«

Neben ihrem Salonleben engagierte Berta Fanta sich im größten deutschen Frauenverein Prags und Böhmens, dem *Frauenfortschritt* (1893–1938), der 1903 bereits über 1200 Mitglieder hatte, radikal für Frauenrechte und Frauenbildung kämpfte und einen gemäßigt deutschnationalen Kurs vertrat; dort waren weit mehr christliche als jüdische Frauen organisiert. Zur tschechischen Frauenbewegung und zu tschechischen SchriftstellerInnen scheint keine nähere Verbindung bestanden zu haben. Berta Fanta trat selbst als Referentin auf oder lud Künstler zu Vorträgen ein, zum Beispiel auch den Bürgerschreck und König der Prager Boheme, Paul Leppin. Ihre Schwester Ida, inzwischen Malerin, gehörte 1906 zu den Gründerinnen des *Klubs deutscher Künstlerinnen*, der einen Mittagstisch für mittellose KünstlerInnen unterhielt, aber auch avantgardistische Künstler wie Egon Schiele einlud.

Geboren wurden Berta und ihre Schwester Ida (1868–1931), der sie ihr Leben lang innig verbunden war, als Töchter des Tuchhändlerehepaars Emilie und

Albert Sohr im böhmischen Städtchen Libochowitz (heute Libochovice) an der Eger. Die Sohrs, maßgeblich die Frauen in der Familie, erarbeiteten sich im Laufe ihres Lebens durch Handel auf Märkten, später in eigenen Geschäften, ein üppiges Vermögen. Berta erinnert sich jedoch später nur ungern an ihre, wie sie es empfand, *»materialistische Erziehung«*, wo für Gefühle oder ein tieferes Fragen der Horizont gefehlt habe. Stattdessen wurde ihr die Natur zum Gegenüber. Die Schwestern besuchten in Prag eine Schule für höhere Töchter, waren beide exzellente Schülerinnen und begeisterten sich für ›nutzlose‹ schöngeistige Dinge: Ida malte, Berta spielte sehr gut Klavier und schrieb Gedichte. Als junge Erwachsene distanzierte Berta sich bewusst vom Händlerdasein ihrer Eltern, blieb aber Jüdin; auch ihre Kinder Else und Otto bekamen später jüdischen Religionsunterricht. Nach ihrer Heirat mit Max Fanta im Jahr 1884 weigerte Berta sich, weiterhin auf dem Land zu leben, und so kaufte Mutter Emilie ihr kurz entschlossen das Haus »Zum weißen Einhorn« am Altstädter Ring in Prag, zu dem auch eine Apotheke gehörte. Ihren Schwiegersohn, der von einer akademischen Laufbahn geträumt hatte, legte die resolute Schwiegermama damit endgültig auf seinen Beruf fest: Apotheker. Als ländlichen Sommersitz erwarb sie für ihre Töchter dazu noch eine Villa im Prager Villenvorort Podbaba.

Die beiden Schwestern reisten viel, besuchten regelmäßig die Kunstausstellungen im Münchner Glaspalast, hielten Vorträge darüber und studierten, wenngleich noch extern, an der deutschen Universität in Prag – zwei der ersten Student*innen* Prags überhaupt. Sie hörten Vorlesungen von Christian von Ehrenfels, einem Vordenker der Gestaltpsychologie, von Alfred Kastil, der zu Aristoteles und Thomas von Aquin arbeitete, und besuchten auch die Veranstaltungen des Sprachphilosophen Anton Marty. Marty war der wichtigste Schüler Franz Brentanos, der unter den Prager Intellektuellen zu jener Zeit gerade in Mode war. Im Zentrum von dessen Lehre steht der Begriff der *Intentionalität*, nach dem psychische Phänomene als auf ein Objekt gerichtete (= *intentionale*) Handlungen des Bewusstseins interpretiert werden. Berta Fanta war mehrere Jahre lang überzeugte Vertreterin der Lehre Bren-

Historische Häuserzeile am Altstädter Ring Prags

tanos. Das Gespräch darüber entfachte sie gleich in zwei Kreisen, zu denen größtenteils dieselben Personen gehörten: in ihrem Salon und in einer von ihr ins Leben gerufenen Runde im (heute noch existierenden) *Café Louvre* in der Ferdinandstraße, die sich »... *in einem dem Hof zugekehrten, stillen Extrazimmer alle 14 Tage einmal in den Abendstunden*« versammelte (Max Brod).

Motor für Bertas Aktivitäten als Salonnière war, wie sie es selbst in ihrem Tagebuch ausdrückt, ihr »*schrankenloses Sehnen nach geistiger Anregung, nach Wachrütteln meiner schlummernden Kraft*«. Bemerkenswerterweise führte sie ihren Salon jedoch nicht anstelle eines Studiums, sondern *während* sie studierte. Die *mono*logische Einbahnstraße akademischer Belehrung genügte ihr offenbar nicht; sie wollte *dia*logisch lernen, im philosophischen Gespräch Erkenntnisse gewinnen. Klar benennt sie die Hindernisse für eine radikale Wahrheitssuche: »*Als schlimme Wächter stehen die Ungeheuer Gewohnheit, altehrwürdige Pflichten, zu Stein gewordene Denk- und Empfindungsgesetze davor.*« Sie fragte und suchte von einem komplexen geistigen Horizont aus, befasste sich mit neuen Ideen, Texten, Theorien, dazu mit Grundlagenwerken von der Antike über Spinoza, Kant und Nietzsche bis zur Psychoanalyse, aber auch mit der indischen *Bhagawagita*. Ähnlich wie vor ihr Rahel Varnhagen oder später Hannah Arendt war sie nicht nur für das Gespräch begabt, sondern auch beflügelt von einer elementaren Lust am Denken. Mit ihrem Wissensdurst gingen aber stets auch der Zweifel und die sokratische Einsicht einher: Ich weiß, dass ich nichts weiß.

Spannend ist Berta Fantas geistige Hin- und Herbewegung zwischen Wissenschaft und mystisch-religiösem Erleben. Als Philosophin hat sie zunächst eine wissenschaftliche Zielsetzung: »*Mein Lebensplan ist, meine Urteilskraft zu stärken. Aus dieser Kraft soll mir die Fähigkeit werden, eigenen Gedankenwert zu prüfen, fremden Gedankenreichtum zu erfassen, das Echte vom Falschen scheiden zu können.*« Doch zieht sie auch der Bezirk hinter der Grenze des logisch Beweis- und Benennbaren magisch an. »*Man soll lernen, im Wachen interessant zu träumen*«, schreibt sie am Heiligabend 1901 in ihr Tagebuch. Sie will mit den modernen Erkenntniswerkzeugen von Philosophie, Sprachforschung, Psychologie und Mathematik Zweifel begründen und *zugleich* beseitigen, die ideologische Zumutung »Gott« entlarven und *zugleich* mit dem Anderen, Unsagbaren, der Verheißung, die über die menschliche Logik hinausgeht, in Berührung kommen. Auch ihr Salongast Einstein überstieg mit seiner Relativitätstheorie bereits die Dimension des wissenschaftlichen Logos.

Berta Fantas Neugier auf geistige Grenzüberschreitung machte auch vor Experimenten nicht halt; sie erprobte gemeinsam mit ihrer Schwester ihre Kräfte als Medium. »*Ein schwerer Ausziehtisch (...) erhob sich und flog von einem Ende des Zimmers zum anderen, wo er sich merkwürdig lautlos niedersetzte. Wir eilten herbei, schlossen wieder eine Kette, worauf er sich anständig und seelenruhig wieder an seinen angestammten Platz stellte.*« So setzt ihre Tochter Else in ihren Erinnerungen die spiritistische Phase ihrer Mutter ins Bild. Ernsthaft und ausdauernd hingegen beschäftigte sich Berta Fanta mit Goethe und hielt selbst Vorträge über seine Weltauffassung, bis sie etwa ab 1906 die Theosophie für sich entdeckte. In einem Saal des *Café Louvre* hielt Rudolf Steiner im Februar 1907 seinen ersten Vortrag, und Berta Fanta begegnete hier wohl auch zum

ersten Mal der Anthroposophie, der sie sich fortan zuwandte. Sie wurde Leiterin der deutschen Abteilung der tschechischen *Theosophischen Gesellschaft*, des Prager *Bolzano-Zweiges*, sowie Gründungsinitiatorin und erste Leiterin der *Anthroposophischen Gesellschaft* in Prag (1912).

Berta Fanta hatte einen scharfen Verstand, war aber alles andere als eine kalte Analytikerin. Max Brod: *»Immer lebte sie gleichsam in einer erhöhten Temperatur des Erfahren-Wollens, des Ausfragens, der Sehnsucht, des Angeregtseins, des Zweifelns.«* Wie sie ihrem Tagebuch anvertraut, litt sie unter dem Wechsel von ›Hochtonlagen‹ und depressiven Stimmungen. Im Umgang mit anderen wird sie als liebenswürdig, warmherzig, tolerant geschildert, und sie hatte offenbar einen ausgeprägten Sinn für Situationskomik. Ihr eigentliches Lebenswerk war ihre ›Denkwerkstatt‹ die, wie bei Rahel Varhagen, im Salongespräch bestand. Ein schriftlich fixiertes philosophisches Werk existiert nicht von ihr. Das ab 1900 für wenige Jahre geführte, bis heute lesenswerte Tagebuch, war für den persönlichen Gebrauch bestimmt. Sie hat darin keine eigene philosophische Begrifflichkeit entwickelt, aber einen eigenen Stil. Dazu gehören witzige dialogische Gesprächsszenen in direkter Rede ebenso wie – gern gebraucht – Paradox und Ironie, die jedoch nicht mit Zynismus einhergehen, sondern eher mit einem milden Lächeln angesichts der menschlichen Unzulänglichkeit. So beschreibt sie mit klarem Blick die Schwächen ihres Mannes, und das Ganze liest sich trotzdem wie eine Liebeserklärung.

Für ihre Tochter Else fädelte sie ganz offen die Ehe mit ihrem Wunschschwiegersohn, dem Philosophen, Steiner-Schüler, späteren Zionisten und ersten Rektor der Hebräischen Universität in Jerusalem, Samuel Hugo Bergmann ein. Sie empfand mit dem 23 Jahre Jüngeren eine tiefe geistige Übereinstimmung, ja liebte ihn wie einen Sohn. Am 14. Dezember 1914 schrieb sie an ihn: *»Es ist eigentlich eines freien Menschen fast unwürdig, jemanden so lieb zu haben und dadurch so von ihm abhängig zu sein.«* Hugo wiederum verehrte und bewunderte Berta und teilte das Gefühl der Seelenverwandtschaft mit ihr; Else scheint keinen Anstoß daran genommen haben. Während des Ersten Weltkrieges entfernte sich Berta wieder von der Anthroposophie und erwärmte sich zunehmend für die zionistischen Ideen ihres Schwiegersohns und ihrer Tochter, die ihrerseits nun von Steiners Ideen nicht mehr lassen konnten.

Wie viele emanzipierte Jüdinnen und Juden in den Metropolen von Paris bis New York hatte Berta Fanta bisher kaum noch bewusst als Jüdin gelebt. Auch wenn Antisemitismus in den deutschnationalen Kreisen Prags sowie in den böhmischen Kleinstädten und auf dem Land nach wie vor zum Alltag gehörte, hatte sie sich, wie die meisten jüdischen Intellektuellen der

Stadt, mit der deutschen Sprache und Kultur identifiziert. Mit dem absehbaren Untergang des Kaiserreichs gegen Ende des Ersten Weltkriegs und der zunehmenden Ausgrenzung und Verfolgung von Juden im Zuge des neuen Nationalismus in dem zerfallenden Vielvölkerstaat gewann die zionistische Bewegung mit Vertretern wie Martin Buber und Theodor Herzl an Zulauf. Herzl plante einen modernen laizistischen Sozialstaat, in dem Frauen gleichberechtigt sein und das aktive und passive Wahlrecht erhalten sollten. Berta Fanta begeisterte sich immer mehr für den politischen Zionismus, lernte Hebräisch und bereitete sich konkret aufs Auswandern vor. 1918 sollte es so weit sein. Die unpraktische Geistesarbeiterin, die ihr komfortables Leben bis dahin hauptsächlich mit intellektuellen Debatten und schönen Künsten zugebracht hatte, wollte nun etwas Praktisches für die neue Existenz in *Eretz Israel* erlernen, und so beschloss sie, Köchin zu werden. Das Resultat war, dass sie eines Tages im Dezember 1918, während besonders heftigen Teigrührens, einen Schlaganfall erlitt und starb – ein absurdes und viel zu frühes Ende, so als wolle Prag, *ihr* Prag, die Stadt, in der sie die längste und wichtigste Zeit ihres Lebens verbracht hatte, sie nicht hergeben und sagen: Sie gehört hierher, auch unter veränderten Bedingungen. Hugo Bergmann schrieb, während er die Totenwache bei ihr hielt: »*Das Leben ist so kalt und wir frieren, und bei Dir gab es immer bereite Wärme, immer Lob, immer Liebe. Und Anregung! ... Einmal lerntest Du durch Monate hindurch zur Stärkung Deines Gedächtnisses Gedichte von rückwärts aufsagen; ... Mama, Mama, wo ist Dein Feuergeist*«? Zwei Jahre später emigrierten Else und Hugo Bergmann nach Jerusalem.

Literatur: Gerhard Kowalewski: Bestand und Wandel. München 1950 | Amnon Reuveni: Berta Fanta zu ihrem 75. Todestag. In: Das Goetheanum: Wochenschrift für Anthroposophie Nr. 50, 12.12.1993 | Jutta Dick, Marina Sassenberg (Hrsg.): Jüdische Frauen im 19. und 20. Jahrhundert. Lexikon zu Leben und Werk. Reinbek 1993 | Wilma A. Iggers: Jüdinnen in Böhmen und Mähren um 1900. In: Jutta Dick, Barbara Hahn (Hrsg.): Von einer Welt in die andere. Jüdinnen im 19. und 20. Jahrhundert. Wien 1993 | Dies.: Frauenleben in Prag. Ethnische Vielfalt und kultureller Wandel seit dem 18. Jahrhundert. Wien/Köln/Weimar 2000 | Georg Gimpl: Weil der Boden selbst hier brennt. Aus dem Prager Salon der Berta Fanta (1865–1918). Furth im Wald/Prag 2001

MUSEN, MÜTTER, MEISTERSÄNGERINNEN:

Schwerpunkt Musik

Wir befinden uns in einem historischen Zeitrahmen von rund 120 Jahren, etwa zwischen 1815 und 1935. Um 1830 blüht der musikalische Salon in Europa auf wie nie zuvor, vor allem in Paris. Dort wagten Frauen wie George Sand oder Marie d'Agoult künstlerische, intellektuelle und erotische Grenzüberschreitungen und schufen sich und anderen damit eine einmalige gesellschaftliche Einflusssphäre. Aber auch in anderen Städten öffneten sich die Salons für die europäische Musikszene. Dieses Kapitel berichtet über die sechs Salonfrauen in der Zeit von der Romantik bis zu den Anfängen der Neuen Musik: über Amalie Beer, Johanna Kinkel, Livia Frege, Carolyne von Sayn-Wittgenstein, Pauline Viardot-Garcia, Winnaretta Singer-Polignac. Drei von ihnen waren zugleich Musikerinnen, und für alle gehörte die Salonkultur zu ihrem Lebenswerk. Sie waren Gastgeberinnen, Arrangeurinnen, Animateurinnen, Sekretärinnen, Mäzeninnnen, Werbefachfrauen, Hausfrauen, Autorinnen, Kritikerinnen, Seelsorgerinnen, Lehrerinnen, aber auch Sängerinnen, Pianistinnen, Korrepetitorinnen, Improvisatorinnen, Chor- und Ensembleleiterinnen, Komponistinnen. Abgesehen von Leidenschaft und Begabung, benötigten sie dafür Zeit, Geld, passende Räume, spielbare Instrumente und ein gutes Beziehungsnetz. Das aber fand sich nach wie vor in Adelskreisen, sodass der Musiksalon dem Adel näherstand als der literarische. Frauen wie **Carolyne zu Sayn-Wittgenstein (1819 bis 1887)** in Weimar oder die polnische **Gräfin Delfina Potocka (1807–1877)**, die in Paris einen der wichtigsten Musiksalons führte, waren aus ihren Ehen ausgestiegen, verfügten aber weiterhin über ihr Vermögen und investierten dieses in ihre Salons.

Nachdem die Musik sich im Gefolge der Aufklärung von der Rolle als höfische Unterhaltungskunst befreit hatte und bürgerliche Künstler mit neuem Selbstbewusstsein ihre Karrieren aufbauten, entwickelte sich ein zunehmend anspruchsvolles Virtuosentum. In größeren Salons wurden Honorare gezahlt. Ein zentrales Verdienst der Salonnièren bestand in der Beförderung innovativer Entwicklungen in der Musik. So fanden bei **Winnaretta Singer-Polignac (1865–1943)** in Paris experimentelle Aufführungen Neuer Musik statt. Sie erteilte auch Kompositionsaufträge und stellte ihren Schützlingen einen Palazzo in Venedig zur Verfügung. Viele bedeutende Werke wären ohne die vielfältigen Leistungen der Salonnièren nie zustande gekommen. Karrieren lagen in den Händen von Salonnièren, waren manchmal deren »Werk«.

Hier möchte ich einen Moment innehalten und fragen: Was ist eigentlich ein Werk? Ein Buch, ein Gemälde, eine Komposition? Ein Gespräch über die Liebe, ein kunstvolles Blumenarrangement, eine spontane musikalische Improvisation? Ist es nicht auch ein Werk, einen inspirierenden Ort und die Bedingungen dafür zu schaffen, dass dies alles überhaupt erst möglich wird? Das Verständnis davon, was unter einem Opus – *opus* bedeutet auch Arbeit – zu verstehen ist, hat sich im Laufe der Epochen mehrfach verändert. In der Antike oder im Mittelalter gehörten neben Wissen und Können auch die Tätigkeit, der kreative Prozess dazu. Im 18. Jahrhundert lässt sich in der Literatur eine Ausrichtung auf Vollendung, Einmaligkeit und zeitlose Gültigkeit feststellen, im 19. Jahrhundert kommt in der Musik die Koppelung an den Begriff des männlichen Genies hinzu und eine Fixierung auf die Komposition als fertiges »Produkt«; das Verständnis von

Arbeit verengte sich mit dem Kapitalismus auf die sichtbare, messbare Leistung und deren Resultat. Diese Entwicklung führte dazu, dass einige kulturelle Leistungen bis heute überschätzt, andere hingegen kaum wahrgenommen werden, und dazu gehört auch das Werk der Salonnièren. Von Goethe über Wagner bis zu Kandinsky: Bis ins 20. Jahrhundert ging es um unsterbliche Werke großer Meister. Männer lebten in ihren Werken weiter, Frauen in ihren Kindern, so war es von der Natur bestimmt ... Immerhin gab es im 19. Jahrhundert auch Künstler, die vom Genie ihrer weiblichen Kolleginnen überzeugt waren, so wie Franz Liszt von dem **Pauline Viardot-Garcias (1821–1910)**. Er würdigte auch ihre Bedeutung als Förderin junger Talente.

Die erste große Epoche weiblicher Musikförderung in Europa war das Mittelalter. In der Hochzeit der neuen, vom Klosterleben abgegrenzten höfischen Geselligkeitskultur, in den ritterlichen *Cours d'amour*, den *Liebeshöfen* der Provence, entwickelten sich Dichtung und Musik der *Trobadors* und (weiblichen) *Trobairitz*. In England regierte seit 1154 an der Seite von König Heinrich II. die bedeutendste Herrscherin und Mäzenin ihrer Zeit, **Eleonore von Aquitanien (1122 bis 1204)**, im Zentrum einer von ihr initiierten kulturellen Machtentfaltung. Zu ihrem Erbe, der Hälfte von Frankreich, gehörte auch Aquitanien, die Hochburg der Minnedichtung. Eleonore gründete in *Poitiers* einen Musenhof und wurde zur Förderin der Trobadorkunst. In der Renaissance treffen wir auf dieselben Musenhöfe wie in den Bereichen Kunst und Literatur, da Regentinnen wie **Isabella d'Este (1474–1539), Markgräfin von Mantua**, und **Margarete von Österreich (1480–1530)**, Statthalterin der Niederlande, ihre Musenhöfe als ›Gesamtkunstwerke‹ gestalteten. Isabella, am Hof von Ferrara umfangreich musikalisch gebildet, spielte Tasteninstrumente, sang zur Laute, vertonte Texte, darunter Sonette Petrarcas, und vergab Kompositionsaufträge. Die Musik war für sie persönliches Ausdrucksmittel, diente aber am Hof von Mantua zugleich der Repräsentation. Sie förderte die musikalische Form der *Frottola*, ein weltliches, zur Laute vorgetragenes Strophenlied. Die musikalisch und literarisch ebenfalls hochgebildete Margarete förderte im niederländischen Meteln mehr die Kirchenmusik. Musik war ihr Lebenselixier und vertrieb ihre Melancholie. Sie machte ihren Musenhof, an dem das kulturelle Erbe aus Burgund mit der niederländischen Musikkultur zusammentraf, zum Zentrum europäischer Musikförderung, mit Musikern wie Heinrich Isaac und Josquin Desprez.

In der Barockzeit findet sich im Rahmen höfischer Geselligkeitskultur eine wichtige Mäzenin: **Madame de Montespan (1641–1707)** förderte als Mätresse Ludwigs XIV. die Cembalistin und Komponistin Elisabeth Jacquet de La Guerre (1665–1729). In der Zeit des Rokoko und der Spätaufklärung entstanden unter protestantischen Regentinnen wie **Herzogin Anna Amalia von Sachsen-Weimar-Eisenach (1739–1807)** Vorformen der Salonkultur. Anna Amalia lud wöchentlich zu literarischen und zu musikalischen Treffen ein. Auch sie war gründlich musikalisch gebildet, spielte mehrere Instrumente und komponierte. In Zusammenarbeit mit der Sängerin und Komponistin Corona Schröter (1751–1802), der einzigen Berufsmusikerin ihres *Liebhabertheaters*, förderte sie das bürgerliche Singspiel. In der Messe- und Universitätsstadt Leipzig hatte sich bereits zwischen 1730 und 1740 eine

Literatur: Ursula Tamussino: Margarete von Österreich. Diplomatin der Renaissance. Graz-Wien-Köln 1995 | Veronica Beci: Musikalische Salons. Blütezeit einer Frauenkultur. Düsseldorf-Zürich 2000 | Hans-Günter Klein (Hrsg.): Die Musikveranstaltungen bei den Mendelssohns – ein »musikalischer Salon«? Leipzig 2006 | Peter Wollny: »Ein förmlicher Sebastian-und-Philipp-Emanuel-Bach-Kultus«: Sarah Levy und ihr musikalisches Wirken. Wiesbaden/Leipzig/Paris 2010 | Sabine Meine: Hofmusik als Herrschaftsraum (...) Entn. zeitenblicke <http://www.zeitenblicke.de/2009/2/meine/index_html>. Letzter Zugriff: 17.08.2013

bürgerliche Geselligkeitskultur entwickelt, die nicht nur in den *Caffée-Schencken* stattfand, sondern auch im ersten namhaften bürgerlichen Salon Deutschlands. Er gehörte **Christiana Mariana Ziegler (1695–1760)**, Tochter aus wohlhabendem Stadtpatriziat, früh Witwe und seit 1733 *»Kaiserlich gekrönte Poetin«* der Universität Wittenberg. Sie spielte Cembalo, Laute und Querflöte, lieferte J. S. Bach Kantatentexte, lud junge Musiker in ihren Salon ein, verschaffte ihnen Auftrittsmöglichkeiten und setzte sich für bessere Honorare ein. Dazu prangerte sie die Frauenfeindlichkeit ihrer Zeit an: *»Du weltgepriesenes Geschlechte / Du in dich selbst verliebte Schar / Prahlst allzusehr mit deinem Rechte / Das Adams erster Vorzug war.«*

Eine Generation später lernte der Komponist Gluck, der bereits bürgerliche Ideale und die Vorstellung vom Musikgenie vertrat, im Pariser Salon der **Julie de Lespinasse (1732–1776)** Rousseau kennen und schrieb, von diesem unterstützt, Reformopern. Während die französische Revolution und die Herrschaft Napoleons in Paris die Entwicklung der literarischen Salons unterbrachen, entwickelte sich der nach außen unpolitischere musikalische Salon mit dem Aufstieg des Bürgertums und mit der jüdischen Emanzipation weiter. Um 1830 gab es in Paris mehrere reine Musiksalons, so bei der Komponistin **Louise Bertin (1805 bis 1877)** und der Pianistin **Marie Pleyel (1811–1875)**, die als Ehefrau des Klavierfabrikanten Pleyel zu Salons an »Vorführinstrumenten« einlud – 1833 war Chopin ihr Gast. In Berlin entwickelten sich Salons mit musikalischem Schwerpunkt aus den literarischen Teegesellschaften der liberalen Jüdinnen. Einen der ersten Musiksalons offerierte die hochbegabte Cembalistin und Lieblingsschülerin Wilhelm Friedemann Bachs, **Sarah Levy (1761–1854)**, die ihrerseits Carl Philipp Emanuel Bach förderte. Sie besaß wertvolle Handschriften von Kompositionen der Bach-Familie, von denen sie einen Teil Zelter für die Berliner Singakademie vermachte, und kann als die eigentliche Urheberin der Bach-Renaissance gelten. Die einzigen rein musikalischen Veranstaltungen in Berlin im nicht öffentlichen Rahmen waren die ab 1823 von Lea Mendelssohn, ab 1831 von ihrer Tochter **Fanny Hensel (1805–1847)** geleiteten »Sonntagsmusiken«. Die von der Pianistin und Komponistin mit besten MusikerInnen besetzten Privatkonzerte waren nicht kommunikativ ausgerichtet und gelten daher nicht als Salon, wurden aber für Salons wie den von **Livia Frege (1818–1891)** in Leipzig zum Vorbild.

In diesen gesellschaftlichen Räumen auf der Schwelle zwischen Privatheit und Öffentlichkeit kamen zwei musikhistorische Entwicklungsstränge an: Der öffentliche Konzertbetrieb, wo Virtuosen wie Paganini auftraten und der männliche Geniekult seine Fortsetzung fand, und die von einer weiblichen Tradition getragene Hausmusik, wenn zum Beispiel **Johanna Kinkel (1810–1858)** für die gesellige Familienrunde bei Bettina von Arnim ein Singspiel komponierte und mit den Anwesenden aufführte. Eine Zwischenform stellten anspruchsvolle kammermusikalische Darbietungen wie in den Baden-Badener Hauskonzerten von **Clara Schumann (1819–1896)** dar, welchen jedoch jede Leichtigkeit fehlte. Improvisation und spontanes miteinander Musizieren – die vierte Form – entsprachen dem kommunikativen Charakter des Salons wiederum umso mehr. Sie fand ab und an im Berliner Salon von **Amalie Beer (1767–1854)** statt.

AMALIE
BEER

1767–1854

»... es ist notwendig, daß dem Menschen etwas heilig in der Welt sein muß, denn es kommen zuweilen Verhältnisse im menschlichen Leben wo die Religion die einzige Stütze, welche den Menschen Aufrecht hält.«

Amalie Beer in einem Brief an ihren 19-jährigen Sohn Meyer Beer, 17. April 1810

Amalie Beer gehörte einst zu den bedeutendsten und beliebtesten Salonnièren im preußischen Berlin. Anders als Henriette Herz oder Rahel Varnhagen ist sie heute hierzulande jedoch kaum noch bekannt. Der Cellist Götz Teutsch hat sich vor ein paar Jahren vorgenommen, das zu ändern, und hat seit Mai 2012 im Rahmen des »Philharmonischen Salons« der Berliner Philharmoniker schon mehrere musikalisch-literarische Programme arrangiert, um Amalie Beer, ihren Salon und dessen Bedeutung für die Musikgeschichte und die kulturelle Entwicklung Berlins wieder ins öffentliche Gedächtnis zurückzuholen.

Im Jahr 2004 war Kretschmars imposantes Gemälde von Amalie Beer in der Ausstellung »Juden – Bürger – Berliner. Das Gedächtnis der Familie Beer-Meyerbeer-Richter« im Berliner Märkischen Museum zu sehen,

Amalie Beer, Porträt von J. C. H. Kretschmar, um 1803

Das Krollsche Etablissement, rechts zwischen den Bäumen sind das Wohnhaus und die Sternwarte Wilhelm Beers zu sehen, 1845

ein Jahr später zog es die Gäste einer Ausstellung über jüdische Salons im Jewish Museum New York und im MacMullan Museum in Boston in seinen Bann. In ihrer klassizistischen Bildsymbolik mit Anspielungen auf die griechische Göttin Aphrodite stellt die Darstellung der »schönen Jüdin« Amalie Beer weit eher eine Beziehung zum Kunstgeschmack der Spätaufklärung und zur preußischen Aristokratie her (mit Kleidermode und Frisur à la Königin Luise von Preußen) als zur jüdischen Tradition. Ähnlich verhält es sich auch mit dem Porträt, welches die preußische Hofmalerin Anna Dorothea Therbusch (1713–1783) 1778 von der 14-jährigen Henriette Herz als olympische Mundschenkin Hebe schuf. Beide Darstellungen huldigen der engen Beziehung der in Berlin ansässigen jüdischen Familien zum Berliner Hof und zum aufgeklärten Großbürgertum (nur vermögende Juden hatten im 17. Jahrhundert dauerhaftes Wohnrecht in der Stadt erhalten) und verweisen zugleich auf die beginnende jüdische Emanzipation. Und beide heben mit der stolzen Inszenierung der Porträtierten auch den Emanzipationsprozess der Frauen in der jüdischen Gemeinde hervor.

Die Glanzzeit des Salons von Amalie Beer lag in jenen Jahrzehnten des 19. Jahrhunderts, in denen auch das Musikleben der musikbegeisterten preußischen Hauptstadt seinen Höhepunkt erreichte: 1815 bis 1840. Der erste Salon Amalie Beers fand im Wohnhaus der Familie Beer in der Spandauer Straße 72 statt, der zweite in der luxuriös eingerichteten, von einem Park umgebenen Villa im Tiergartenviertel, in welche die Beers im Jahr 1816 einzogen und damit auch symbolisch und faktisch ihre Emanzipation, den Auszug aus dem abgegrenzten jüdischen Wohnbezirk Berlins und der orthodoxen jüdischen Glaubenstradition, vollzogen. Das Beersche Haus muss ein beeindruckend gastfreundlicher Ort gewesen sein, der Kultiviertheit, Wohlhabenheit und geistige Offenheit ausstrahlte. Amalie Beer, die meist »Mama Beer«, ab und an auch die »Königin-Mutter« genannt wurde, »... war nicht nur für ihre trockenen Bemerkungen, sondern auch als herrschende Persönlichkeit berühmt«. So führt Petra Dollinger die Salonnière ein (»Die Berliner Salons«) und hebt dazu die »heitere und spontane Herzlichkeit« hervor, »... welche »Mama Beer« weit über ihre eigene große musikalische und literarische Familie hinaus zur Künstlermutter, zur wandelnden Theaterchronik und zur Vermittlerin in den Kämpfen der Berliner Opernszene machte«. (»Musikalische Salons in Berlin 1815 bis 1840«). Amalie Beer unterhielt neben Lea und Fanny Mendelssohn mit ihren »Sonntagsmusiken« den wichtigsten musikalischen Salon in Berlin. Anders als in Paris existierten hier zu dieser Zeit keine Salons, in denen ausschließlich musiziert wurde, jedoch mehrere, bei denen der Schwerpunkt, wie im Salon von Amalie Beer, auf der Musik lag. Die Gastgeberin war selbst

sehr musikalisch. Sie besaß eine gute, ausgebildete Stimme und brillierte in ihrem Salon auch einige Jahre am Klavier, doch machte sie bald ihrem hochbegabten Sohn Platz, für den sie die besten Lehrer engagierte, unter ihnen Carl Maria von Weber und Muzio Clementi. Der italienische Komponist und Pianist Clementi war auf seinen Tourneen stets Gast der Familie Beer. Amalie Beer ließ in ihrem Stadtpalais eigens einen Saal einrichten, der genügend Platz bot für Orchesterkonzerte und kleinere Theateraufführungen und bis zu 250 Gäste aufnehmen konnte. Hier wurden, zusätzlich zu den Salonabenden, Soireen oder Matineen veranstaltet: geschlossene Veranstaltungen, die nach einem feststehenden Programm abliefen und bei denen allein die Musik im Vordergrund stand; es bedurfte einer persönlichen Einladung, um dabei sein zu können. Die Musikdarbietungen im Salon hingegen waren intimer und hatten eher etwas Spontanes, Improvisiertes. Meist ebenso anspruchsvoll wie die Konzerte waren sie dennoch weniger auf perfekte Leistung ausgerichtet als auf ein musikalisches ›Gespräch‹ zwischen den Anwesenden. Da die Gäste, waren sie einmal eingeführt, auch spontan erscheinen konnten und es keine schriftlichen Einladungen gab, war es in Amalie Beers Salon oft brechend voll. Die meisten Gäste waren berühmte Künstlerpersönlichkeiten: Komponisten wie Louis Spohr, Pianisten wie Johann Nepomuk Hummel und Friedrich Kalkbrenner, Sängerinnen wie Henriette Sontag (1806–1854), Anna Milder-Hauptmann (1785–1838) – die ihrerseits zu »musikalischen Abendunterhaltungen« in ihr Haus in Berlin einlud – und Jenny Lind (1820–1887), die »schwedische Nachtigall«. Als besonderes Ereignis galt der mehrfache spontane Besuch der italienischen Primadonna Angelica Catalani (1780–1849), über den Amalie Beer ihrem Sohn im Brief vom 2. Juli 1816 berichtet: *»(...) ich bin Gegenstand des Neides von ganz Berlin, sie kommt zu keinem als zu mir, als sie das erstemal bey mir war, war eine Stunde nachher so viel Lärm in der Stadt, als wären alle Kaiser der Welt bey mir gewesen«* (in: »Musikalische Salons in Berlin«). Zu den musikalischen Gästen gesellten sich Angehörige des Hofes und Militärs, Wissenschaftler wie Alexander von Humboldt, Schriftsteller wie Ludwig Börne, der Schöngeist und Salonkenner Hermann Fürst Pückler und befreundete Salonnièren wie Rahel Varnhagen (1771–1833), Elisabeth Staegemann (1761–1835) und später deren Tochter Hedwig von Olfers (1799–1891). Auch Henriette Herz war als Witwe noch lange Zeit bei Amalie Beer anzutreffen.

Die »Königin-Mutter« Beer hat, so wird es immer wieder beschrieben, ihren Salon mustergültig organisiert und geleitet. Etikette, Konversation, die Darbietungen und die erlesene Bewirtung, alles war mit großer Lust an Vollkommenheit arrangiert. Als Vorbild galt ihr in erster Linie der Hof in Berlin (dessen Cercles sich wiederum stark an der französischen Salonkultur orientiert hatten). Amalie war in komfortablen Verhältnissen aufgewachsen und hatte über ihren Vater früh Kontakte zum Hof knüpfen können. Sie hatte eine exzellente Erziehung genossen, die über das übliche ›Hausfrauen-Training mit Pianoforte-Garnierung‹ für Töchter aus gutem Hause weit hinausging. Ihr Interesse galt den Künsten, vorrangig der Musik. Dazu beherrschte sie Italienisch und Französisch und verfügte über literarische Kenntnisse; zu ihrer Lieblingslektüre sollen die Werke Klopstocks und Schillers gehört haben. Ihre Zeitgenossen beeindruckte sie dennoch weniger durch herausragende intellektuelle Qua-

Kaffeetasse mit dem Monogramm Amalie Beers, um 1840

litäten als durch ihre liebenswürdige Zugewandtheit, ihr Temperament und ihre eindrucksvolle eigenwillige Schönheit. Mit diesen Voraussetzungen befand sie sich für ihren weiteren Lebensweg in einer ungleich komfortableren Situation als Rahel Levin, die als junge Frau ohne familiäre Förderung und ohne Vermögen dagestanden hatte, zeit ihres Lebens Wissenslücken und mangelnde »Grazie« beklagte und das Gefühl, gesellschaftlich ausgestoßen zu sein, nie ganz überwinden konnte.

Das Geschick der Familie Beer-Meyerbeer-Richter war rund 250 Jahre lang aufs Engste mit der Geschichte Berlins verbunden. Vorfahren der Beers waren einst aus Wien vertrieben und 1671 vom Großen Kurfürsten Friedrich Wilhelm von Brandenburg als »Schutzjuden« in Berlin angesiedelt worden. Liepmann Meyer Wulff, Amalies Vater, wird als ein bescheidener und frommer Mann geschildert, der als Ältester der reformierten jüdischen Gemeinde vorstand. Erfolgreich in großen Unternehmungen wie dem Lotteriegeschäft, stieg er nicht nur zu einem der reichsten Männer Berlins auf, sondern wurde auch zum Geldgeber des preußischen Hofes. Mit seiner Zustimmung heiratete seine Tochter Malka, Amalie genannt, im Alter von 19 Jahren den Unternehmer Jacob Herz Beer (1769–1812). Dieser betrieb im Laufe seines Lebens nicht nur ertrag- und erfolgreich Zuckerraffinerien, sondern agierte vor allem als Kreditgeber für die preußischen Stände. Auch wenn er zeitweilig als der reichste Mann Berlins galt, trat er eher bescheiden auf. Er machte sich als Reformer in der Wirtschaft, im Musiktheater, in der preußischen Judengesetzgebung und im Bereich des jüdischen Kultus einen Namen. Neben den Verpflichtungen einer umfangreichen Wohltätigkeit teilte er mit Amalie die Freude an der Geselligkeitskultur im eigenen Haus und begeisterte sich für Schauspiel und Oper. Das Ehepaar hatte vier Söhne, von denen drei später berühmt wurden: Meyer als Komponist, Wilhelm als Astronom und Michael als Schriftsteller.

Amalie Beer fühlte sich in ihrer Religion und ihrer Familie positiv verankert. Sie verfügte über ein so stabiles Selbstbewusstsein, dass sie keine Veranlassung dafür sah, ihre jüdische Herkunft zu verleugnen. Sie und ihr Mann gehörten nicht dem orthodoxen, sondern dem liberalen Reformjudentum an; dort wurde Frauen mehr Bildung und ein größerer Handlungsspielraum zugestanden. Jüdische Emanzipation bedeutete für die Beers nicht, ihre Glaubenstradition abzulegen, auch wenn sie sich zu den Grundüberzeugungen der Aufklärung und der religiösen Toleranz bekannten, wie sie Moses Mendelssohn und Lessing vertreten hatten. Toleranz war für sie ein Gebot der Gegenseitigkeit, und das Prinzip, nach dem sie mit ihrer religiösen Tradition verfuhren, hieß nicht Assimilation, sondern *Akkulturation*: So setzte Jacob Beer sich dafür ein, dass im Gottesdienst Chorgesang und Orgelspiel möglich waren und in deutscher Sprache

Das 1816 eigens für Amalie Beer angefertigte »Allgemeine Ehrenzeichen am Bande des Luisenordens«. Rechts: Testament Amalie Beers mit dem Siegel des Königlich Preußischen Stadtgerichts

gepredigt und gebetet werden konnte. Dafür richtete er 1815 in einem Seitenflügel des Beerschen Hauses eine Reformsynagoge ein. Deren eifrige Nutzung durch die jüdische Gemeinde versuchten jedoch nicht nur Vertreter der Orthodoxie, sondern auch Friedrich Wilhelm III. zu verhindern. Der preußische König duldete nämlich keinerlei ›sektiererischen Abweichungen‹ in der Religionsausübung, basta. Im August 1812, am Totenbett ihres Vaters, verpflichtete Amalie Beer ihren ältesten Sohn Meyer zu dem Versprechen, stets im jüdischen Glauben zu leben und niemals zum Christentum überzutreten. Am 30. August 1812 schrieb der Sohn an seine Mutter: »*..., nimm auch von mir in seinem Namen das feierliche Versprechen, daß ich s t e t s in der Religion leben will, in welcher er starb*«. Er hielt sein Versprechen. Erst in der nächsten Generation wurde aus der Akkulturation dann doch Assimilation.

Amalie Beer wurde im Laufe ihres Lebens nicht nur als Salonnière, sondern auch durch ihr weitreichendes mildtätiges Wirken in Einrichtungen der jüdischen Gemeinde, zum Beispiel als »Ehrenmutter« der »Baruch-Auerbachschen Waisen-Erziehungsanstalt für Knaben«, bekannt, aber auch in anderen sozialen Einrichtungen der Stadt, unabhängig von deren weltanschaulicher Position. Für ihren selbstlosen patriotischen Einsatz in den Kriegsjahren 1813/14 wurde ihr 1816 vom König persönlich der Luisenorden verliehen, die höchste öffentliche Auszeichnung, die einer Frau in Preußen zuteilwerden konnte. Sie erhielt diese allerdings nicht in der üblichen Form eines Kreuzes, sondern in einer eigens für sie als Jüdin vom König verfügten Sonderanfertigung als Medaille, was – darüber gab es in der Forschung lange konträre Auffassungen – doch eher als eine Beleidigung denn als Zeichen sensibler Aufmerksamkeit Friedrich Wilhelms III. gedeutet werden muss (vgl. Sven Kuhrau, in: »Juden – Bürger – Berliner«) und von Amalie Beer wohl auch so gedeutet wurde.

Je älter sie wurde, desto energischer setzte Amalie Beer ihre privilegierte Position, ihre Beliebtheit am preußischen Hof und die Reputation ihres Salons bewusst für jüdische Künstler ein, wenn diese im Zuge des immer wieder aufkommenden Antisemitismus diffamiert oder diskriminiert wurden, so auch für Heinrich Heine. Dabei spielte die Vermittlung durch den mit ihr befreundeten Alexander von Humboldt mehrfach eine positive Rolle. Auch ihr Sohn, der inzwischen als »Giacomo Meyerbeer« in Paris zu einem großen europäischen Komponisten heranreifte, hätte

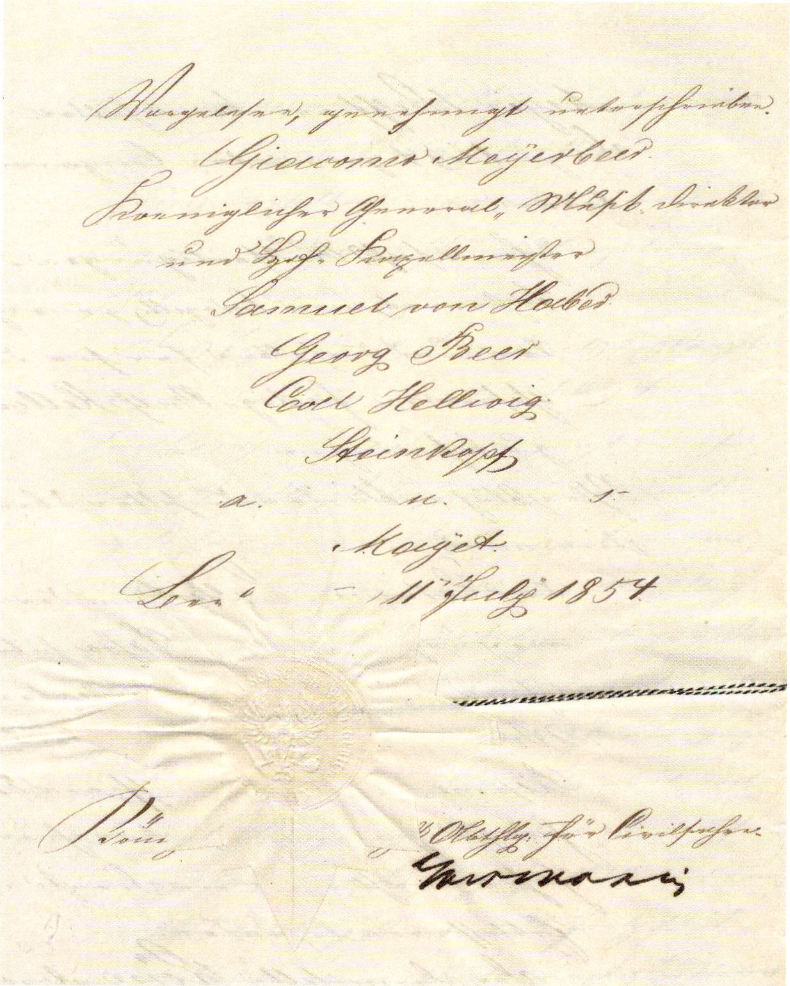
Giacomo Meyerbeer
Samuel von Haber
Georg Beer
Carl Hellwig
Steinkopf
11 Juli 1854

sich ohne den geistigen Rückhalt und die Förderung im Salon seiner Mutter in Berlin niemals so erfolgreich als Musiker etablieren können. Doch trotz Referenzen und Protektion, trotz aller Erfolge, Ehrungen und Orden, trotz Erhebung in den Adelsstand und Aufnahme in die Berliner Akademie der Künste lebte der Komponist ständig auf der Hut vor der alltäglichen Judenfeindlichkeit seiner Epoche. In seinen großen Opern wie »Margerita d'Anjou«, »Les Huguenots« und »Le Prophète«, in der er seiner Mutter in der Gestalt der glaubenstreuen Fidès ein Denkmal gesetzt hat, geht es immer wieder um die Thematik von Glaubenskriegen und die Frage einer religionsübergreifenden Ethik. Nach dem Tod Jacob Beers im Jahr 1825 habe in Amalie Beers Salon, so berichten kritische Gäste, die Zahl der üppigen Diners zugenommen, und Offenheit und Spontaneität seien zunehmend einem arrangierten Amüsement für Repräsentanten der hohen Aristokratie gewichen. 1841 berichtete eine belgische Diplomatengattin nach ihrem Besuch bei Amalie Beer: »*Frau Beer bewohnt eine entzückende Besitzung, die ihr Eigentum im Tiergarten ist. Komfort, das Angenehme und das Nützliche, alles findet sich hier vereinigt. Frau Beer steht bereits in sehr vorgerücktem Alter, liebt die große Welt, den Luxus und die Musik.*« In der Bevölkerung blieb »Mama Beer« bis ins hohe Alter beliebt. Sie starb 1854, hochbetagt, im 87. Lebensjahr. Ihr Grab befindet sich bis heute auf dem Jüdischen Friedhof in der Schönhauser Allee.

Literatur: Juden – Bürger – Berliner. Das Gedächtnis der Familie Beer-Meyerbeer-Richter. Hrsg. v. Sven Kuhrau u. Kurt Winkler unter Mitarbeit v. Alice Uebe. Berlin 2004 | Petra Wilhelmy-Dollinger: Die Berliner Salons. Berlin/New York 2000 | Dies.: Musikalische Salons in Berlin 1815–1840. In: Hans-Günter Klein (Hrsg.): Die Musikveranstaltungen bei den Mendelssohns – ein »musikalischer Salon«? Leipzig 2006 | Heinz und Gudrun Becker (Hrsg.): Giacomo Meyerbeer. Ein Leben in Briefen. Leipzig 1987

JOHANNA
KINKEL

1810 – 1858

»Alles Schaffen ist wohl so eine Wechselwirkung von Inspiration und Willen. Ohne poetische Trunkenheit geht's nicht, aber wie muß man zugleich die Vernunft beisammen halten!«

Johanna Kinkel in einem Brief an Laura von Hennig, 6. Mai 1843

Johanna Kinkel, geborene Mockel, war Komponistin, Pianistin, Dirigentin, Musikpädagogin, Salonnière und Schriftstellerin, und das unter wenig idealen, ja oft extrem schwierigen Bedingungen. »Ihr Gesamtwerk umfasst so viele literarische und musikalische Sparten, daß man sich wirklich fragen muss, wie solche Produktivität in einem einzigen, durch Krankheiten, Ehekrisen, Schwangerschaften und politische Verfolgung belasteten Frauenleben möglich war.« (Eva Weissweiler)

»Die tolle Mockel«, wie sie vor ihrer ersten Ehe von Freunden mehr oder minder scherzhaft genannt wurde, passte schon als Jugendliche nicht ins bürgerliche Frauenbild und hatte einen klaren Blick für die engen Grenzen ihrer Lebenswelt. Sie rüttelte daran, litt darunter, schrieb Glossen darüber – und fand sich nicht damit ab.

Johanna Kinkel, unsigniertes Porträt, um 1840

Auch die in ihrem Heimatstädtchen Bonn praktizierten Formen bürgerlicher Geselligkeit, in denen dieses Frauenbild so fest verankert war, erregten beizeiten ihren Widerspruch. Gleich, ob die Tochter des Hauses am Pianoforte deutsches Liedgut misshandelte und damit zuverlässig das einzig interessante Gespräch zur Strecke brachte oder ob die Musik schlicht nur dafür eingesetzt wurde, die geistige Leere zu übertönen: Die Biederkeit und Niveaulosigkeit solcher *Kränzchen* waren ihr unerträglich, und sie plädierte dafür, entweder eine ordentliche »*Conversation*« ohne Musik anzubieten, eine Veranstaltung, in der Musik im Mittelpunkt stand, oder ein Arrangement aus anspruchsvoller Musik und geistreichem Gespräch nach dem Vorbild italienischer »*conversationes*« der Renaissance. »*Wie notwendig bedürften viele Frauen dieser Kunst der edleren Conversation (...). Statt dessen sitzen sie schweigend mit ihren Strickzeugen in der Gesellschaft und lassen die Musik nur eben auf ihre Sinne wirken, um des Denkens überhoben zu sein*«, klagt sie später in einem ihrer »Acht Briefe an eine Freundin über Clavier-Unterricht« (1852). Das mehrdeutige deutsche Wort »Unterhaltung« schien ihr dazu angetan, künstlerische Ansprüche an Gespräch oder Musik zu verwässern. Schon als junge Frau stiftete sie, frech und unwiderstehlich, innerhalb und außerhalb ihrer eigenen Räume zu neuen Spielarten eines heiter-geistreichen musischen Miteinanders an. Sie agierte als Texterin, Komponistin und Chorleiterin, Pianistin, Animateurin und Regisseurin und verstand es, die Anwesenden bis in den hintersten Schweigewinkel hinein mit ebenso viel Schwung wie Feingefühl anzusprechen und zu bewegen. Für jede/n fand oder erfand sie die passende Position und Rolle, gleich, ob in einem kurzen Wortspiel oder einer Oper. Johanna war keine traditionelle Salonnière, ihre Aktivitäten hatten einen bildungspolitischen Zug, vergleichbar mit dem Wirken ihrer bedeutendsten deutschen Vorgängerin, der Musikpädagogin, Dirigentin und Komponistin Louise Reichardt (1779–1826). Eine besondere Leistung beider Musikerinnen bestand darin, dass sie Frauen und Mädchen geistig und musikalisch ›weckten‹, mit ihnen anspruchsvolle Vorhaben, wie zum Beispiel die Aufführung eines Oratoriums, realisierten und dabei auch noch unbekannte Werke bekannt machten.

Dabei besaß Johanna Kinkel, in Kombination mit ihrem Wortwitz und ihrer mitreißenden Musikalität, ideale Begabungen für die Salonkultur: erstens für Spiel, zweitens für Improvisation und drittens für Inszenierung. Mit diesen Qualitäten verewigte sie sich auch in der Familiensaga Bettina von Arnims und ihrer Töchter, denen sie nicht nur Klavierunterricht gab, sondern für die sie so unsterbliche Werke schuf wie »*Die Landpartie nach Pichelswerder. Epos in sechs Gesängen. Ihrer Kaiserl. Hoheit der Prinzessin Xam in tiefster Devotion gewidmet von Hyazinthe Firlefanz, Kaiserl. chinesische Hofdichterin*«. Sechs Monate hatte

Johanna im Berliner Stadthaus der Arnims im Gästezimmer gelebt, dann, im Mai 1837, zog sie in ein kleines, selbst gemietetes Gartenhaus um. Nun konnte sie sich, endlich!, ungestört ihren musikalischen Studien widmen, dafür war sie schließlich, vermittelt durch Bettinas Bruder Georg von Arnim und durch Felix Mendelssohn (der von ihr begeistert war) aus dem kleinen Bonn ins große Berlin gekommen. Die knapp zwei Jahre in Berlin bis zum März 1839 bedeuteten für Johanna die produktivste und unbeschwerteste Zeit ihres Lebens: Bei Tage wurde Klavier geübt, komponiert, studiert und unterrichtet – damit verdiente sie sich ihren Unterhalt –, am Abend ging es durch die Teegesellschaften der preußischen Hauptstadt. Mit ihrem brillanten Klavierspiel und ihrer »rheinischen Frohnatur« (die ihr den Ruf als ›Salonclown‹ einbrachte) eroberte sie die wichtigsten Berliner Zirkel, neben dem Bettines vor allem die der Mendelssohn-Schwestern Fanny Hensel (1805–1847) und Rebecca Dirichlet (1811–1858); mit beiden freundete sie sich an und machte bei ihnen die Bekanntschaft mit weiteren KünstlerInnen, darunter Clara Wieck (1819–1896), Varnhagen van Ense und Adelbert von Chamisso. Vor allem aber ergriff sie die Gelegenheit, sich von Wilhelm Teubert zur Konzertpianistin ausbilden zu lassen und bei Karl Böhmer Generalbass und Kontrapunkt zu studieren. 1838 gab sie ihre »Vogelkantate« heraus und eine erste Liedersammlung (op. 7), unter anderem mit Vertonungen ausgewählter Gedichte von Chamisso, Heine, Goethe und »J. M.« bzw. »J. Mathieux« – ihr Autorinnenkürzel. Selbst der gefürchtete Berliner Musikkritiker Ludwig Rellstab bezeigte ihr seinen Respekt; mit ihren nächsten Werken (op. 10 und 11) brachte sie fast sein Weltbild ins Wanken, dass Frauen keine Komponistinnen sein könnten. Auch Schumann lobte ihre Werke in seiner Leipziger »Neuen Zeitschrift für Musik«.

Dass Johanna für die Reise nach Berlin überhaupt einen Pass erhalten hatte, verdankt sich dem Drama ihrer ersten Ehe. Ihr Hausarzt hatte den Aufenthalt in Berlin angeordnet. Dies sei die rettende Maßnahme zur Wiederherstellung ihrer lebensgefährlich zerrütteten Nervenkräfte infolge *»Misshandlungen vermittelst ausgesuchter Quälereien«* durch ihren Ehemann. Was für eine Schreckensgeschichte! Im Herbst 1832 hatte sie den seriös wirkenden Musikalien- und Buchhändler Mathieux geehelicht, *»den ich überschätzte, weil er der genießbarste unter den miserablen war«*. Nur kurze Zeit später hatte dieser sich als sadistischer Psychopath zu erkennen gegeben, sie mit geheuchelter Frömmigkeit, vorgetäuschten Krankheiten und Wutanfällen gequält, nachts ständig brutal aus dem Schlaf gerissen. Vor allem hasste er ihr Klavierspiel und verbot es ihr. Johanna konnte monatelang nicht mehr arbeiten und lag mit Nervenfieber darnieder. Nachdem sie zu ihren Eltern gezogen war, machte er der Familie noch über Jahre das Leben mit Psychoterror und übler Nachrede zur Hölle. In ihren Erinnerungen wird Johanna später resümieren: *»Meine Heirat ist die Geschichte von tausenden meiner Schwestern und das notwendige Resultat unserer sozialen Zustände. Unzählige Frauen gehen an ähnlichen Verhältnissen zu Grunde.«*

Johanna Kinkel stammt aus einem wohlhabenden, konservativen bürgerlichen Elternhaus, in dem Musik als Beruf für eine Frau eigentlich unvorstellbar war. Doch die Eltern, die eine glückliche Ehe miteinander führten, liebten die Musik und unterstützten ihre einzige Tochter immer wieder, auch wenn sie sie oft nicht

Hammerflügel von Erard, 1844

verstanden. Zunächst aber musste Johanna unzählige *»feine Näh- und Stickarbeiten«* und eine quälende Ausbildung als Köchin überstehen, bevor sie endlich regelmäßig Klavierunterricht nehmen durfte. Schon nach kurzer Zeit erwies sie sich als die mit Abstand begabteste Schülerin ihrer Lehrers Franz Anton Ries. Dieser war als Musiker in Bonn hoch angesehen und hatte einst Beethoven unterrichtet; neueren Methoden und Werken stand er allerdings fern. Ries leitete das *Musikalische Kränzchen*, einen der privaten Musikvereine, die damals den Raum Köln-Bonn mit ihren Aufführungen bereicherten. Johanna übernahm schon bald seinen Gesangsunterricht, seinen Chor und 1829, 19-jährig, die Leitung des *Kränzchens*, das sie mit einem immer anspruchsvolleren Programm nach und nach in den Mittelpunkt des Bonner Musiklebens rückte. Zu ihren Gästen gehörte auch Annette von Droste-Hülshoff, die selbst musikalisch sehr begabt war und komponierte.

Als Johanna im März 1839 aus Berlin nach Hause zurückkehrte, war sie zutiefst vom musikalischen Genie Fanny Hensels und deren »Sonntagsmusiken« beeindruckt. Sie gründete ihren Bonner Musikverein neu – einen der ersten von einer Frau geleiteten Gesangvereine in Deutschland – und lud vom Frühsommer 1840 an, immer an den Samstagvormittagen, in ihre Räume im Mockelschen Haus zu *»Morgenkonzerten«* ein; etwa 30 Gäste hatten bei ihr Platz. In ihren Notizen von 1852 erinnert sie sich: *»Die Enge des Lokals legte große Beschränkung auf. Wenig über 16 Personen durfte ich in den Chor nehmen. 1840 studirten wir den letzten Akt der Iphigenie in Tauris, u. d. 1. A. der Armida v. Gluck ein.«* Zu ihrem begeisterten Publikum gehörten auch Louis Spohr und Franz Liszt.

Endlich wurde Johanna Kinkel nun in ihrer Heimatregion als Künstlerin wahrgenommen. So war sie mehrmals im Kölner Salon von Sibylle Mertens-Schaaffhausen (1797–1857) zu Gast. Gemeinsam mit ihrem neuen Liebsten, dem evangelischen Theologen und späteren Revolutionär Gottfried Kinkel, hob sie im Juni 1840 auch noch das kritische Blatt »Der Maikäfer«, eine »Zeitschrift für Nichtphilister«,

effektiv die Fäden der Redaktion in der Hand hielt, wurde *»Directrix«*, *»Königin«* oder *»Nachtigall«* genannt. Als einzige Frau in der Runde war sie fast unmerklich auf männliches Terrain vorgedrungen, und die Herren waren ausnahmslos von ihr begeistert. Einige von ihnen bemerkten sehr wohl, dass ihre Königin, die von Zeitgenossen als »hässlich« beschrieben wurde, künstlerisch begabter war als ihr schöner, eloquenter *»Minister«*. *»(...) im Grunde überragte sie ihn, ohne es zu wissen; es war etwas Geniales an ihr, was er nicht besaß«*, schreibt der Student Willibald Beyschlag. 1849, während Gottfrieds Tätigkeit als Abgeordneter in Berlin und als Teilnehmer der Revolution, übernahm sie zusätzlich die Redaktion der linksdemokratischen »Neuen Bonner Zeitung«, was ihr viel politische Arbeit, noch mehr Feinde und eine prekäre finanzielle Situation bescherte.

Bis 1848 brachte die geniale Johanna auch noch vier Kinder zur Welt. *»Mein Flügel dient nur noch, um frisch gebügelte Windeln darauf zu trocknen«*, schreibt sie in einem Brief. Sie war zerrissen zwischen ihren Mutterpflichten einerseits, der künstlerischen Arbeit und dem politischen Engagement andererseits. Krank machten sie auch die ständigen Situationen angespannten Wartens – erst auf die Scheidung und die Legalisierung des Zusammenlebens mit Gottfried, dann auf Nachrichten: von den Revolutionskämpfen, von Gottfrieds Festnahme aus dem Zuchthaus Naugard, vom Prozess in Köln, aus der Haft im Gefängnis Spandau, schließlich, nach der geglückten Flucht, auf das Wiedersehen in Paris Ende 1850 und ab 1851 im Londoner Exil.

Taufe und betätigte sich auch intensiv als Schriftstellerin. In ihre Beiträge flossen nicht nur biografische Momente ein; ihre *»Stucks«*, »(...) hintersinnige mundartliche Scherze und Anekdoten« (Monica Klaus), gaben auch das Leben der einfachen Leute in Bonn und den rheinischen Humor trefflich wieder; die musikpädagogischen Abhandlungen sind heute noch lesenswert. Die Gründungsgruppe des Blattes, der *Maikäferbund*, etablierte sich in Bonn zu einem tonangebenden literarischen Zirkel, zu dem vor allem politisch engagierte Studenten gehörten, aber auch ein Dichter wie Wilhelm Müller. Wie einst in den Sprachgesellschaften der Barockzeit gaben die Mitglieder einander Spitznamen. Johanna, die unauffällig, aber

Das Leben im Exil wurde für Johanna unter dem Dauerdruck des Alltagskampfes zu einer Tragödie. Die Schriftstellerin Christa Wolf hat in ihrer Erzählung »Nachdenken über Christa T.« (1968) das weibliche Lebensdrama benannt, an dem schließlich auch Johanna Kinkel starb: »Niemals kann man durch das, was man tut, so müde werden wie durch das, was man nicht tut oder nicht tun kann.« Johanna wurde nicht allein durch physische und nervliche Überanstrengung zermürbt – etwa, wenn es darum ging, das schmale Budget und einen ruhigen Unterrichtsraum vor dem anwachsenden Rudel junger Exilanten aus der deutschen Heimat zu retten, das sich als schmarotzender Debattierclub im Hause Kinkel durchfraß und sich beim Chefrevolutionär, dem arbeitslosen Herrn Professor, über den Geiz seiner Frau beschwerte – die ›nebenher‹ durch ihren Klavierunterricht und ihre private Gesangsschule für Kinder den Unterhalt der Familie sicherte –, wenn schon wieder kein Wein da war. Nein, sie ging daran zugrunde, dass sie keine ruhige Minute mehr dafür fand, um ihrer brennenden Sehnsucht nach Wesentlichkeit zu folgen, tiefer in die Musik einzutauchen, das eigene Potenzial als Künstlerin ausloten. Der prachtvolle Erard-Flügel, den Gottfried ihr geschenkt hatte, diente nur dem Broterwerb, nicht der künstlerischen Weiterentwicklung. Ab Mitte der 1850er Jahre verbrachte sie die meiste Zeit des Winterhalbjahres entkräftet im Bett, gequält von Weinkrämpfen, Angstzuständen, Hustenanfällen, Atemnot, Schlaflosigkeit. Zwar hatte sich die familiäre Lage etwas entspannt und sie hielt ab und zu musikalische Vorträge, etwa über Chopin und Fanny Mendelssohn, besuchte die Bibliothek des Britischen Museums, schrieb Briefe an ihre alte Freundin Fanny Lewald oder arbeitete an ihrem Roman »Hans Ibeles in London« – doch die Lebenskräfte waren aufgezehrt. Im Winter 1857 erlitt sie, gerade 47 Jahre alt, einen Herzinfarkt. Im November des darauffolgenden Jahres stürzte sie aus dem 3. Stockwerk ihres Hauses auf die Straße. Gleich, ob dies ein tragischer Unfall war oder das Ergebnis des verzweifelten Wunsches, endlich Erlösung zu finden: Die Botschaft war unmissverständlich. Ob sie damals gehört wurde, steht auf einem anderen Blatt. Dennoch hätte Johanna Kinkel auch mit mehr Wahlmöglichkeiten zu den Künstlerinnen ihrer Epoche gehört, deren historische Leistung sich nicht allein an Opuszahlen und Bühnenerfolgen ablesen lässt. Sie setzte ihre schöpferischen Kräfte auch mitten im Leben ein, mitten unter den Menschen und tat dabei vielen Gutes.

Literatur: Johanna Kinkel: Acht Briefe an eine Freundin über Clavier-Unterricht. Stuttgart/Tübingen 1852 (Nachdruck 1989) | Dies.: Hans Ibeles in London. Ein Roman aus dem Flüchtlingsleben (1860). Hrsg. v. Ulrike Helmer. Frankfurt am Main 1991 | Eva Rieger (Hrsg.): Frau und Musik. Mit Texten v. Nina d' Aubigny bis zu Cosima Wagner. Kassel 1990 | The New Grove Dictionary of Women Composers. Hrsg. v. Julie Anne Sadie u. Rhian Samuel. London 1994 | Eva Weissweiler: Komponistinnen vom Mittelalter bis zur Gegenwart (1981). München 1999 | Veronica Beci: Musikalische Salons. Blütezeit einer Frauenkultur. Düsseldorf/Zürich 2000 | Monica Klaus: Johanna Kinkel. Romantik und Revolution. Köln/Weimar/Wien 2008

LIVIA
FREGE

1818–1891

»Livia Gerhard war mit sechzehn Jahren eine vollendete Sängerin; eine herrliche, seelenvolle, glockenreine Stimme, eine bewundernswerthe Ausbildung und Fertigkeit, eine unwiderstehliche Anmuth der Erscheinung, und die liebenswürdigste Grazie und dramatische Wahrheit des Spiels werden der jungen Künstlerin stets die reichsten Kränze erwerben.«

»Damen-Conversations-Lexikon«, Leipzig 1835

Auf einem imaginären Vernetzungsplan deutscher und europäischer MusikerInnen des 19. Jahrhunderts in der Messe-, Verlags- und Musikstadt Leipzig wären das Stadthaus und der ländliche Wohnsitz der Sängerin Livia Frege über fünfzig Jahre lang als bedeutende Knotenpunkte sichtbar, an denen viele Fäden zusammenliefen, einander kreuzten, von dort wieder in die Welt führten – oder gleich in eine Nachbarstraße. Denn in der Stadt fänden sich noch weitere, auch untereinander verbundene musische Knotenpunkte, wie die Häuser und Gesellschaften von Auguste und Karl Harkort, Franz und Hedwig von Holstein, der »Frau Stadtrat Raimund Härtel«, der »Frau Konsul Limburger«. Überall dort wurden Künstlerinnen und Künstler, die in Leipzig Gastspiele gaben, zu Empfängen und musikalischen Soireen geladen. Dazwischen fänden wir zwei heute noch als Museen präsente Orte von besonderer Ausstrah-

Livia Frege, Porträt von Eduard Magnus, undatiert

Frau Livia Frege

lung: das Haus, in dem Clara und Robert Schumann von 1840 bis 1844 eine Wohnung bewohnten, und das Haus, in dem von 1845 bis 1847 Felix Mendelssohn mit seiner Familie lebte, dazu, auch eng mit Livia Freges Salon verbunden, die Wohnsitze des Klaviervirtuosen Ignaz Moscheles und des Violinvirtuosen und Komponisten Ferdinand David.

Von 1872 an wäre ein weiterer wichtiger Knotenpunkt auf unserem Musenplan zu sehen: der Wohnsitz der als Pianistin und für Komposition hochbegabten Elisabeth von Herzogenberg (1847–1892). Ihre besondere, leider bis heute unterschätzte Rolle war die der Musikförderin, in erster Linie von Johannes Brahms, der bekanntlich nicht gerade die Frauenemanzipation erfand, den sie aber musikalisch beriet. Zum Ausgleich für diese unweibliche Anmaßung genoss er es, fürstlich von ihr bekocht zu werden. Ebenso förderte und verwöhnte sie die junge englische Komponistin und spätere Suffragette Ethel Smyth (1858–1944) während ihres Musikstudiums in Leipzig. In ihren Erinnerungen beschreibt Ethel Smyth einige Persönlichkeiten und Szenerien des Leipziger Musiklebens, oft mit satirischem Unterton. Von Livia Frege und dem Niveau ihrer musikalischen Gesellschaften zeigt sie sich beeindruckt: *»Sie war sehr musikalisch, aber, (...) von Natur aus äußerst zurückhaltend, verbarg sie diese Tatsache so geschickt, dass nur wenige Leute davon wußten.«*

Livia Virginia Frege, die vor ihrer Heirat den Nachnamen Gerhard führte, hatte ihre Karriere als Sopranistin bereits 1832 in einem Konzert mit der dreizehnjährigen Clara Wieck im Gewandhaus begonnen. Robert Schumann schrieb damals in der Kunstzeitschrift »Der Komet« über sie: *»Außer dem Schönen natürlichen Vortrage ... war ein warmes, auf den Zuhörer übergehendes Interesse für die erwählte Kunst sichtbar.«* Aus der Begegnung der zwei jungen Frauen wurde eine lebenslange Künstlerinnenfreundschaft. Livia Gerhard erhielt eine Anstellung am Stadttheater Leipzig und debütierte 1833 in Spohrs romantischer Oper »Jessonda«. Ein Aufenthalt in Dresden ermöglichte ihr Unterricht bei Wilhelmine Schröder-Devrient (1804–1860). 1835 erhielt sie ein Engagement an der Königlichen Oper in Berlin, wo sie das Publikum begeisterte. Bereits 1836 heiratete sie den promovierten Juristen und Universitätsprofessor Woldemar Frege, der aus einer der reichsten und bedeutendsten Leipziger Bankiers-, Kaufmanns- und Gelehrtenfamilien stammte. Livia, nunmehr verheiratete Frege, zog wieder nach Leipzig, gab ihre Karriere als Opernsängerin auf und sang fortan fast nur noch im Rahmen privater Soireen. Die Hochachtung, mit der stets von ihr die Rede ist, legt nahe, sie sich einerseits als Gastgeberin »par excellence« des tonangebenden Leipziger Stadtpatriziats vorzustellen: liebenswürdig, klug, schön, aber distanziert, das inszenatorische Regelwerk des guten Tons perfekt beherrschend – das Ganze in einem materiell üppig ausgestatteten Rahmen. Andererseits galt Livia Frege als »Königin des romantischen Gesangs«. Ihre Stimme wird als lieblich, klar, kultiviert beschrieben, mit perfekter Intonation. Sie verfügte über feinste Modulationsmöglichkeiten und eine hohe musikalische Expressivität, gerade auch im Verhältnis von Sprache und Musik. Hinzu kamen noch ein umfangreiches Repertoire und ihr sicheres musikalisches Urteilsvermögen.

Die KünstlerInnen kamen nicht nur zu ihren Gesellschaften, um gesehen und weiterempfohlen zu wer-

den und die Annehmlichkeiten des Hauses zu genießen, sondern erhielten auch die Chance, ihre Werke mit einem professionellen Ensemble aufzuführen und einem kundigen Publikum vorzustellen. Ein Chor von 50 Sängerinnen und Sängern traf sich regelmäßig mit Livia Frege zum Singen, für Veranstaltungen in ihrem Haus gehörte ein von David geleiteter Instrumentalkreis dazu. In dieser Besetzung gelangen Aufführungen in höchst anspruchsvoller Qualität. Eine Zeitgenossin, die Schriftstellerin Elise Polko, berichtet von »*Sonntagsmatineen*«; Livias Freundschaft mit den Mendelssohns legt einen Bezug zu Fanny Mendelssohns »Sonntagsmusiken« in Berlin nahe. Der Märchendichter Hans Christian Andersen äußert sich in seinen Erinnerungen auch begeistert über Livias Gesang, nachdem er sie mit seinen von Robert Schumanns vertonten Liedern 1841 bei den Schumanns gehört hatte.

Unmittelbare künstlerische Zusammenarbeit und eine enge Freundschaft entwickelten sich mit Felix Mendelssohn, nachdem er 1835 musikalischer Direktor des Gewandhauses geworden war. Er äußerte sich nicht nur begeistert über Livias Stimme, sondern auch über ihr Musikverständnis und widmete ihr seine »Sechs Lieder op. 57«. Wie Brigitte Richter beschreibt, stellte Mendelssohn ihr viele seiner Kompositionen vor deren Veröffentlichung vor, und sie probierte seine Liedkompositionen mit ihm aus. *»Liebe Frau Doktorin!«*, schrieb er nach der Uraufführung des »Elias« in Birmingham 1846, *»Sie haben mir für meinen Elias immer so viel freundliche Teilnahme bewiesen, daß ich's ordentlich für meine Verpflichtung halte, Ihnen nach der Aufführung zu schreiben und einen Bericht darüber abzustatten.«* Auch Fanny Mendelssohn zeigte sich an Livias musikalischem Urteil interessiert und schickte ihr einige ihrer Lieder.

Wie für eine Salondame üblich, stand Livia mit einer Reihe von Musikerinnen und Musikern in brieflichem Austausch. Dazu gehörte auch Franz Liszt – obwohl die Musik von Richard Wagner, dem exponiertesten Vertreter der von Liszt mitbegründeten *Neudeutschen Schule*, bei Livia und in den mit ihr verbundenen Musikkreisen Leipzigs überwiegend

Clara Schumann, Fotografie, um 1875

auf Ablehnung stieß. Der Geiger und Dirigent Hans von Bülow, erster Ehemann von Wagners Frau Cosima, war regelmäßig bei seinem Cousin Woldemar Frege zu Besuch und schrieb über deren Verhältnis zu Wagners Musik nach Hause: *»Livia findet die Sachen schlecht oder verrückt, Woldemar fährt in der Regel zum Zimmer hinaus …«*

Die Freundschaft zwischen den Freges und den Schumanns wurde in zahlreichen Besuchen, Gegenbesuchen und musikalischen Ereignissen gefestigt. Auch als verheiratete Frau stand Livia ab und zu noch bei öffentlichen Kantaten- oder Oratorienaufführungen auf der Bühne, vor allem, wenn es sich um Werke Mendelssohns oder Schumanns handelte. Im Oktober 1840 schrieb Clara Schumann an Robert, sie habe Livia Frege wieder einmal singen gehört und sei von ihrer Stimme begeistert. Nach einem Wiedersehen mit Clara schrieb ihr Livia: *»Wie schön ist doch das Gefühl des innigen Sichverstehens – glaube mir ich durchlebe so treu alle die Gefühle, die Dich bewegen, mit Dir, in meinem Herzen.«* Clara konnte Livia auch für die Musik ihres Freundes Johannes Brahms begeistern. Der Brahms-Biograf Kalbeck berichtet: *»… am Abend des 30. Januar (1895) veranstaltete Frau Dr. Livia Frege in ihrem kunstfreundlichen Hause eine Aufführung der Schumannschen Faustszenen. Da durfte er nicht fehlen.«*

Livia Frege engagierte sich, ebenso wie Elisabeth von Herzogenberg und noch weitere musikalisch begabte oder patriotisch begeisterte Frauen, maßgeblich für die Wiederentdeckung und Aufführung der Werke von Johann Sebastian Bach im Umfeld der 1850 gegründeten *Bach-Gesellschaft zu Leipzig* und im 1854 gegründeten *Riedelschen Verein*, der Aufführungen von Schütz über Bach bis zu Liszt auf die Beine stellte. Bereits 1841 wirkte Livia als Solistin an der Wiederaufführung von Bachs »Matthäuspassion« unter Mendelssohns Leitung mit.

1886 kam Clara Schumann von Frankfurt am Main nach Leipzig, um die Goldene Hochzeit der Freges mitzufeiern, zu deren Anlass die Familie den erblichen Adelstitel erhielt. Nachdem Livia Frege 1891 gestorben war, schrieb Clara Schumann, ein Jahr vor ihrem eigenen Tod, in einem Brief an Hedwig von Holstein: *»Ach, der Verlust ist groß, ich habe in ihr die älteste Freundin und treueste Kunstgenossin verloren. Wie haben wir uns in Allem und Allem verstanden, wie stimmten unsere Anschauungen des Lebens und der Kunst überein!«*

1889, zwei Jahre vor Livia Freges Tod, hatte die Stadt bereits ehrenhalber eine Straße nach ihr benannt: die *Liviastraße*. Im Jahr 2012 ist nun, ebenfalls im Waldstraßenviertel, noch der *Livia Park* als Bezeichnung für einen exklusiven Wohn- und Geschäftshausneubau hinzugekommen, durchaus passend zur doppelten Bedeutung Livia Freges als Sängerin und Salondame in Leipzigs ›besserer Gesellschaft‹.

Literatur: Brigitte Richter: Frauen um Felix Mendelssohn. Frankfurt am Main/Leipzig, 1997 | Ralf Wehner: Felix Mendelssohn: Bartholdys Verhältnis zum musikalischen Salon (…) In: Hans-Günter Klein (Hrsg.): Die Musikveranstaltungen bei den Mendelssohns – ein »musikalischer Salon«? Leipzig 2006 | Max Kalbeck: Große Komponisten. Johannes Brahms. Altenmünster 2012

CAROLYNE
VON SAYN-WITTGENSTEIN

1819 – 1887

»Die Gesellschaft ist in zwei Teile geteilt. Wo die einen hingehen, gehen die anderen nicht hin – was Zerrereien ohne Ende gibt. – Aber das stört mich nicht. Es gibt wichtigere Dinge.«

Carolyne von Sayn-Wittgenstein, nach Adelheid von Schorn, um 1850

Carolyne von Sayn-Wittgenstein wohnte und wirkte von 1848 bis 1860 auf der Weimarer Altenburg, zum einen als Gastgeberin, zum anderen als Muse und Mitarbeiterin Franz Liszts. In ihrer Bedeutung als Salonnière ist die Fürstin ein Grenzfall, da die europaweite Ausstrahlung dieses Musensitzes der Romantik im Wesentlichen auf die Wirkung der Persönlichkeit und des Genies Liszt zurückging, nicht auf die ihre. Er war der Mittelpunkt, musikalischer Magnet und große Neuerer, dabei aufgeschlossen und charmant im Umgang, ein unabhängiger Geist, der dennoch zugestehen konnte, im konkreten Schaffen auf die Mitarbeit und Hilfe anderer angewiesen zu sein, was der Altenburg den anziehenden Charakter einer offenen, kollegialen Werkstatt verlieh. Carolyne stand denn auch nicht im Schatten von Liszt, sondern blieb als interessante, eigenwillige Persönlichkeit neben ihm sichtbar und nahm in Liszts

Carolyne zu Sayn-Wittgenstein, unsignierte Zeichnung

Leben und Schaffen der Weimarer Zeit eine Schlüsselposition ein. Mit geistiger Offenheit, Empathie und Beharrlichkeit sowie einem zuvor jahrelang geübten Sinn für Ökonomie und konzeptionelles Denken wirkte sie an seinen Artikeln, Ideenentwürfen, Kompositionen und Werkausgaben mit, obwohl sie keine besondere musikalische Vorbildung hatte; ihre Begabung lag sicherlich auf intellektuell-kommunikativem Gebiet. *»Sie ist mit meinem Dasein, meiner Arbeit, meinen Sorgen und meiner Laufbahn untrennbar vereint (...), sie leitet mich durch ihren Rat, stärkt mich durch ihren Zuspruch, belebt mich durch ihre Begeisterung (...), ihre klugen und beharrlichen Mühen (...)«*, so Liszt im Testament vom 14. September 1860 über Carolyne. In den Weimarer Jahren erlebte er die produktivste Zeit seines Lebens mit kulturpolitischen Projekten und großen musikalischen Neuerungen wie den »Symphonischen Dichtungen«. Wie groß die fachliche Bedeutung von Carolynes Zuarbeiten wirklich war, ist bis heute unklar und wurde aus ihren vielen handschriftlichen Anmerkungen, Notizbüchern, Exzerpten, Arbeitsheften und Studien leider noch nicht herausgearbeitet. Ihre späteren eigenen Schriften waren religiösen Inhalts; sie gelten heute als mehr oder weniger ungenießbar.

Ein schwer zu enträtselnder Zug ihrer Persönlichkeit besteht in der Mischung, ja Nähe von Intellektualität und Frömmigkeit, die bei ihr, anders als bei anderen, als eine untrennbare Einheit und zugleich als unauflösbarer Widerspruch zu existieren schien: auf der einen Seite eine mutige, ja beinahe respektlose Neugier und fast lexikalische Form des Wissens, auf der anderen Seite eine Art archaische Gläubigkeit und Bindung an die römisch-katholische Religion, mit einer Vorliebe für sakrale Inszenierungen und einem Hang zu Mystizismus, ja Fanatismus, der ihrer eigenen emanzipatorischen Ratio völlig entgegenstand. Diese Spannung zwischen Geistesfreiheit und Glaubensgehorsam, Lebensgenuss und asketischem Rückzug findet sich auch bei Liszt, aber ohne Fanatismus, gelöst in seiner Musik. Der Bezug zum Glauben stellte dennoch eine besondere Nähe zwischen beiden her. Bei Carolyne führten nicht integrierte Gefühle offenbar in einigen Lebenssituationen zu extremen Handlungsweisen, die sich als besondere Härte, ja Grausamkeit äußerten. So sorgte sie, angetrieben von Eifersucht auf ihre ›Vorgängerin‹, dafür, dass Cosima und Blandine, die Töchter von Marie d'Agoult und Liszt, ihrer Mutter und der Großmutter Anna Liszt entrissen und zu der kaltherzigen preußischen Offiziersgattin Franziska von Bülow (Mutter von Liszts Schüler und späterem Schwiegersohn Hans von Bülow) nach Berlin gegeben wurden. Liszt, der sich bisher selbst kaum um die Kinder gekümmert, aber vor dem Gesetz das alleinige Verfügungsrecht über sie hatte, gewann sie dabei als Komplizen. Am meisten litt Cosima unter den Trennungen; sie gab ihrem Vater die traumatischen Erfahrungen am Ende seines Lebens noch zurück – aber das ist eine eigene Geschichte.

Carolyne Elisabeth Jeanne wird 1819 als einzige Tochter des mächtigen, reichen, in den russischen Herrschaftsbereich eingebundenen polnischen Großgrundbesitzers Peter Iwanowski geboren und wächst nach der Trennung der Eltern auf dem väterlichen Landgut Monaszerzyska in der Ukraine auf. Bildung erhält sie weniger bei den diversen Gouvernanten als

Links: »Bibliothek und Musiksaal«, Arbeitsplatz Liszts, Holzstich von 1855
Rechts: Die Altenburg, Aquarell von 1859

in der Rolle als Alleinunterhalterin, Gesprächspartnerin und Vorleserin ihres an Wirtschaft, Geschichte und den Schriften antiker Philosophen interessierten Vaters, der lesend und diskutierend mit ihr die Nächte zum Tage macht; bald raucht sie wie er dabei starke Zigarren. Für ihre künstlerisch talentierte Mutter Pauline Podowska hingegen übernimmt sie die Rolle als Reisebegleiterin. Sie lernt dabei mehrere europäische Länder, vor allem aber Petersburg kennen, wo sie schon als Elfjährige Theater- und Opernaufführungen besucht und adlige Herren durch ihre klugen Fragen verblüfft.

Noch nicht ganz 17 Jahre alt, wird sie vom Vater in eine Ehe mit dem deutschstämmigen Fürsten Nikolaus von Sayn-Wittgenstein, der beim Zaren in hohem Ansehen steht, hineingezwungen. Nach der Geburt ihrer einzigen Tochter Marie wirft die unglückliche Ehe sie seelisch so aus der Bahn, dass sie sich abwechselnd wildem Amüsement und Anfällen von religiösem Fanatismus hingibt. Dennoch misslingt dem hoch verschuldeten Wittgenstein der Zugriff auf das Vermögen seiner Gattin; beide trennen sich endgültig voneinander. Carolyne verwaltet nun in strengem Regiment das vom Vater ererbte, zwischen Kiew und Odessa gelegene, riesige Landgut Woronice mit 30 000 Leibeigenen. Nachts liest sie älteste und neueste Literatur vom Talmud bis zur Hegelschen Dialektik.

Bei einem Konzert in Kiew im Februar 1847 hört und erlebt sie Franz Liszt. Im Winter 1847/48 lädt sie ihn für mehrere Wochen nach Woronice ein; beide fühlen sich stark voneinander angezogen. Als Liszt von seinen kompositorischen Plänen erzählt, ist Carolyne sofort davon überzeugt, von Gott zu Liszts Muse berufen zu sein. Für Liszt hingegen fügen sich, nach den schmerzlichen Erfahrungen mit der anspruchsvollen Marie d'Agoult, die Hingabe, das Vermögen und die guten Beziehungen der Fürstin bestens in seine Karrierepläne. Er schreibt ihr schmachtende Briefe, nennt sie darin *»meines Lebens strahlender Morgenstern«*. Carolyne aber schreitet gleich zur Tat: Mit einer Million Rubel in der Tasche verlässt sie in Begleitung ihrer Tochter im April 1848 fluchtartig ihre Heimat, trifft in Wien Franz Liszt und geht mit ihm nach Weimar, wo er im selben Jahr offiziell seine Tätigkeit als Hofkapellmeister aufnimmt. Als *»Kapellmeister in außerordentlichem Dienst«* hatte Maria Pawlowna, die regierende Großherzogin von Sachsen-Weimar-Eisenach, ihn schon 1842 gewinnen können. Sie schätzt Liszt außerordentlich, hält auch fortan über das Paar ihre schützende Hand und toleriert das uneheliche Zusammenleben, obwohl ihr Bruder, Zar Nikolaus I., unter Wittgensteins Einfluss eine Scheidung und damit eine neue Ehe blockiert. Maria Pawlowna stellt der Fürstin als vorübergehenden Wohnsitz ein am Stadtrand mit Blick über Weimar gelegenes herrschaftliches Haus zur Verfügung, die 1811 erbaute Altenburg (heute Jenaer Straße 3), in die bald auch Liszt mit einzieht.

Dort entwickelt sich, trotz Dauerempörung tugendhafter Adelsdamen und Bürger ob des sittenlosen Treibens im Hort der Klassik, eine internationale Kulturszene, wie sie sonst nur in den europäischen Metropolen London, Paris, Petersburg oder Rom zu finden war. MusikerInnen von Raff, Berlioz, Pauline Viardot über Anton Rubinstein, Smetana, Grieg bis zu Clara Schumann, Josef Joachim, Peter Cornelius und Wagner, SchriftstellerInnen von Bettina von Arnim, Gutzkow, Grillparzer, von Hebbel, Fallersleben über Andersen, Fanny Lewald bis zu George Eliot, aber

auch bildende KünstlerInnen wie Louise Seidler, Rietschel, Scheffer oder von Schwind musizieren, experimentieren, dinieren, hören, lesen, diskutieren, schwadronieren oder spazieren miteinander durch die Weimarer Parkanlagen und fordern den alten Geist des Ortes heraus, sich mit ihren revolutionären Ideen anzufreunden. Im Haus stehen diverse Gästezimmer und insgesamt elf Tasteninstrumente zur Verfügung. Für Veranstaltungen gibt es den Musiksaal mit Carolynes Bibliothek und den Musiksalon mit Liszts »Riesenpedalflügel«. Die hohen Wohnräume in der Beletage hat die Fürstin für sich und ihre Tochter Marie standesgemäß ausgestattet, für Liszt im angrenzenden niedrigen Dienstbotentrakt eine karge Schlafkammer und einen Arbeitsraum, sein »blaues Zimmer« hergerichtet, in dem für beider dialogisches Miteinander auch für sie ein Schreibtisch steht. Zwischen den Trakten befindet sich zur gemeinsamen Nutzung ein Gebetsraum.

Und wie tritt die Fürstin als Salonnière in Erscheinung? Ihr vornehmes, gleichwohl etwas exotisches Äußeres passt zur avantgardistischen Musikwerkstatt. Mit ihren farbigen Kleidern und Zigarren rauchend à la George Sand holt sie eine Prise Pariser Flair und Antibürgerlichkeit gegen ›die da unten‹ ins Haus. Dazu bringt sie für die Aufgabe als Gastgeberin und Anstifterin zum Gespräch ideale Fähigkeiten mit (wie viele hochbegabte Frauen, die ungenügend gefördert wurden): Wissbegier, Offenheit, eine rasche Kombinationsgabe und eine Urqualität der Gesprächskunst, aus der schon Sokrates' Lehrerin Diotima die philosophische Methode entwickelte, die später als »Sokratischer Dialog« bekannt wurde: das Fragen. Ihr Erfolg und ihre historische Bedeutung als Salonnière lagen vielleicht genau in der Begabung des Fragens. Sie vermochte jedes Gegenüber ins Gespräch zu ziehen, sodass ein Erkenntnisprozess in Gang kam. Lina Ramann: *»So liebte die Fürstin (...), deux à deux langsam zu diniren und mit ihrem vis-à-vis im lebendigsten Tischgespräch irgend einen Gegenstand zu diskutiren. ... Die Gabe, im ruhigen heiteren Herüber und Hinüber des Gesprächs, auch in heißer Debatte, die Schleußen der Gedanken Anderer bis zum Grund zu öffnen, war ihr im hohen Grade eigen. Als einstmals – es war in München, (...) – der Chemiker Liebig nach einem solchen Diner Liszt begegnete, wischte er sich den Schweiß von der Stirn und versicherte: – ›die hat mich aber ausgequetscht‹.«* In der Altenburg ließ Carolyne *»kleine Tische mit je vier Gedecken«* arrangieren, um das Tischgespräch zu fördern.

Inzwischen aber hat der Weimarer Hof unter dem Druck des neuen russischen Zaren Alexander II. die schützende Hand von ihr abgezogen, die Ächtung in der Weimarer Gesellschaft spitzt sich zu. Hinzu kom-

Carolyne zu Sayn-Wittgenstein, Fotografie aus dem Jahr 1876

men Liszts zunehmende Schwierigkeiten, seine Pläne in Weimar zu realisieren; so groß und großzügig ist das Großherzogtum doch wieder nicht. 1859 stirbt Maria Pawlowna, stirbt 21-jährig Liszts und d'Agoults Sohn David, zieht Carolynes Tochter Marie, nach bewährtem Schreckensmuster von ihrer Mutter ›vorteilhaft‹ mit einem Adligen verheiratet, tieftraurig aus Weimar fort. 1860 verlässt auch Carolyne Weimar und reist nach Rom, wo sie endlich von Papst Pius IX. die Ausnahmegenehmigung für die neue Ehe erhält. Enttäuschungen und Intrigen am Theater lassen Liszt 1861 seinen Abschied von Weimar nehmen. Er kommt nach Rom, an seinem 50. Geburtstag soll auch die Hochzeit sein. In der Zwischenzeit aber hat ein boshafter Cousin Carolynes mit dreisten Lügen beim Vatikan erreicht, dass die gültige Zustimmung bis zu einer neuerlichen Überprüfung ausgesetzt wird. Nun resigniert Carolyne, will die Papiere nicht noch einmal vorlegen. An eine Freundin schreibt sie, dass sie »eine Art abergläubische Angst gepackt habe, dem Schicksal noch einen letzten Sieg zu entreißen« (Jutta Hecker). Sie beschließt, stattdessen *»ihr Glück der Kirche zu opfern«*. Auch nach

Wittgensteins unerwartetem Tod 1864 bleibt sie bei der »Entsagung«, drängt Liszt den endgültigen Verzicht auf. Liszt zieht sich zurück, nimmt die niederen Weihen als Abbé, komponiert geistliche Werke. Während Carolyne mit der ihr eigenen Totalität ihr Leben fortan nur noch mit der Lektüre und dem Abfassen religiöser Texte zubringt, geht Liszt wieder auf Reisen, führt weiterhin ein erfolgreiches und erfülltes Leben als Komponist und Lehrer. Ein Brief von 1872 an die Fürstin zeigt dennoch verhaltene Bitterkeit. Die Fürstin bleibt in Rom, arbeitet wie besessen an ihren Texten. Besucherinnen berichten, dass sie, zunehmend sich und ihre sozialen Kontakte vernachlässigend, das Haus nicht mehr verlässt, die Nächte durcharbeitet, ständig Zigarren raucht und, häufig krank, in der Dämmerung hinter verschlossenen Vorhängen zubringt. Liszt stirbt 1886 unter unwürdigen Bedingungen während eines Besuches in Bayreuth, Carolyne, von ihm zur Universalerbin eingesetzt, stirbt acht Monate später. Zur Trauerfeier in der Kirche »Santa Maria del Popolo« erklingt, wie sie es verfügt hatte, Liszts Requiem.

Der letzte Abschnitt im Leben von Carolyne zu Sayn-Wittgenstein bietet jede Menge Stoff und vorstellbare Szenen für ein tragisches Bühnenstück. Sie könnte auch die Hauptperson eines »Entsagungsromans« wie »Gabriele« von Johanna Schopenhauer (1819) sein, die die glückliche Vereinigung der Liebenden lieber erst im Jenseits stattfinden lässt. Carolynes Inszenierung lief nach einem tragischen Lebensmuster ab, unter großem seelischem Zwang. Am Ende fehlten ihr Kraft und Mut, um ihren Glücksanspruch gegen tyrannische innere und äußere Instanzen wie ihr Gewissen und die Kirche zu behaupten, den letzten Schritt zur eigenen Befreiung zu wagen.

Carolyne von Sayn-Wittgenstein hat den Ausstieg mit allen Kräften versucht und den Mut aufgebracht, dreizehn Jahre lang unverheiratet mit Liszt zusammenzuleben. Vor ihrem Gewissen konnte sie das mit der frommen Mission rechtfertigen, dem Werk eines gottgesandten Künstlers ihr Leben zu weihen – was auf sublime Weise auch schon ein Opfer war. Später opferte sie auch noch ihr Herz. Wie heißt es doch, mehr schaurig als schön, bei Lina Ramann: *»Sie zählt zu den Seltenen, deren Liebe durchdrungen war von dem Glaubenssatz über die Heiligkeit der Künstlermission – ein Glaubenssatz, mit dem sie betete und handelte, mit dem ihr Tageslauf zum Lebenswerk sich erweiterte, und von ihr mit einem Martyrium besiegelt wurde, das erschütternder von keinem Dichter je erfunden worden ist«.*

Literatur: Lina Ramann: Franz Liszt. Als Künstler und Mensch. Band 2.2. Leipzig 1892 | LaMara (Hrsg.): Aus der Glanzzeit der Weimarer Altenburg. Bilder u. Briefe aus d. Leben d. Fürstin Carolyne Sayn-Wittgenstein. Leipzig 1906 | Adelheid von Schorn: Das nachklassische Weimar. Bd. 2. Weimar 1912 | Dies.: Zwei Menschenalter. Stuttgart 1924 | Liszts Testament. Aus dem Franz. ins Dt. übertr. u. hrsg. v. Friedrich Schnapp. Weimar 1931 | Jutta Hecker: Die Altenburg. Weimar 1958 | Eva Schwarzenberger: Carolyne von Sayn-Wittgenstein. In: Ulrike Müller (Hrsg.): Stadtrundgänge WEIMAR WEIBLICH. Bd. 2, Frauenpersönlichkeiten in Weimar zwischen Nachklassik und Aufbruch in die Moderne. Weimar 1999 | Franz Liszt. Ein Europäer in Weimar, hrsg. v. Dieter Altenburg. Ausstellungskatalog (darin: Evelyn Liepsch: Die Altenburg). Köln 2011

PAULINE
VIARDOT-GARCIA

1821–1910

»Stürmisch wurde eine Zugabe verlangt; sie setzte sich ans Klavier und spielte eine Mazurka von Chopin, der sie französische Worte unterlegt hatte (...) und nun kam eine Vorstellung, wie ich sie ähnlich nie wieder gehört noch gesehen habe. Sie sang, sprach, spielte, lächelte die Zuhörer an, so daß ein jeder meinte, sie singe, spreche, spiele und lächle nur für ihn. Kein Muskel des Gesichtes blieb untätig; es sprühte von Leben, Feuer und Liebenswürdigkeit.«

Eugenie Schumann, Schülerin Pauline Viardots und Tochter Clara Schumanns, in ihren 1920 verfassten »Erinnerungen«

Pauline Viardot-Garcia, Fotografie, um 1860

Es gibt keine Künstlerin im 19. Jahrhundert, über die sich so viele berühmte männliche Kollegen, alle zeittypischen Vorurteile Frauen gegenüber vergessend, mit einer derartigen Begeisterung und Bewunderung geäußert haben, wie Pauline Viardot-Garcia. Sie verkörperte mit ihrem universalen Musikverständnis und ihrer schöpferischen Vielseitigkeit, vergleichbar mit Franz Liszt, den fortschrittlichen Esprit der europäischen Musikentwicklung eines ganzen Jahrhunderts. Doch während Liszt – wenn auch spät – noch der Nachruhm zuteilwurde, ist Pauline Viardot fast komplett vergessen worden. Zu ihrer Zeit jedoch wurde sie, nicht zuletzt durch ihr Talent als Salonnière, zu einer grenzüberschreitenden Kulturvermittlerin und wirkte, ganz im Sinne der Utopie vom offenen Kulturraum Europa, als wahrhaft große Europäerin. Ihre bedeutendste Schülerin, Aglaja

»Musikalische Matinée im Hause Viardot«, Zeichnung von Ludwig Pietsch, 20. September 1867

Orgéni (1841–1926), schreibt in ihrer Biografie: *»Sie war ... einer von jenen universellen Menschen, die wir Heutigen uns in eine Renaissancezeit denken möchten – eine Vollnatur, deren ganzes Leben getragen wird von dem hinreißenden Schwung ungebrochener Lebens- und Schaffenskraft.«*

Pauline Viardot-Garcia stammt aus der berühmten Familie Garcia, einer spanisch-französischen Musikerinnen- und Musikerdynastie, die über mehrere Generationen und mehrere Länder verteilt, das europäische Musikleben vom Ende des 18. bis zum Beginn des 20. Jahrhunderts nachhaltig bereicherte, schließlich sogar mit einer eigenen, weltweit tradierten Unterrichtsmethode. Paulines Mutter, Joaquina Sitcher Garcia (1780–1854), war eine bekannte Sängerin, ihr Vater, Manuel Garcia (1775–1832), war einer der bedeutendsten Tenöre seiner Zeit – Rossini schrieb Arien für ihn – und genoss auch als Pädagoge internationale Anerkennung. Paulines Schwester Maria Felicita (1808–1836), verheiratete Malibran, spätere Beriot, galt seit ihrem legendären Pariser Galaauftritt 1828 bis zu ihrem frühen Tod als die größte Rossini-Interpretin und als ebenbürtige Rivalin von Henriette Sontag. Der Bruder Manuel Patricio Rodriguez (1805–1906) wurde zu einem der wichtigsten Gesangspädagogen des 19. Jahrhunderts. Er erfand 1855 den Kehlkopfspiegel und lehrte bis zu seinem 90. Lebensjahr an der *Royal Academy* in London. Eine seiner bekanntesten Schülerinnen war Jenny Lind.

1821 kommt Michelle Ferdinande Pauline Garcia in Paris zur Welt. Schon als Fünfjährige wird sie während der Auslandstourneen der Familie von Franz Liszt (Klavier, Komposition) und Anton Reicha (Harmonielehre, Kontrapunkt) unterrichtet. Beide äußern sich begeistert darüber, mit welcher Sicherheit sie musikalische Zusammenhänge zu erfassen vermag und wie leicht sie technische Probleme bewältigt. Als sie elf Jahre alt ist, stirbt ihr Vater, und sie entscheidet sich, Pianistin zu werden. Nach dem Tod ihrer Schwester im Jahr 1836 übernimmt sie jedoch, 15-jährig, deren Nachfolge als Sängerin. *»Schließ dein Klavier, von jetzt ab wirst du singen«*, ordnete die Mutter an, und Pauline gehorchte. Erst Jahrzehnte später vertraute sie einem Freund an, wie schmerzlich diese Entscheidung für sie war. Bereits 1837 debütiert sie erfolgreich in Brüssel. Es folgen Konzerte in Belgien, England, Frankreich und Deutschland. 1839/40 gastiert sie am *Théâtre Italien* in Paris und heiratet kurz entschlossen dessen Direktor, den 21 Jahre älteren Louis Viardot, der, ebenso entschlossen, seinen Posten aufgibt, um Manager seiner Frau zu werden.

Parallel zu ihrer Karriere als Sängerin wird Pauline nun zum Mittelpunkt einer musikalischen Salongeselligkeit, die sie an allen Wohnorten ins Leben ruft,

Karikatur, gezeichnet von Pauline Viardot: »Chopin und die Sängerin«, Nohant, Juni 1844

an denen ihre Familie länger zubringt, auch auf ihrem Landsitz Schloss Courtavenel. Anders als die Salonnièren des 18. Jahrhunderts trat sie nicht nur als Gastgeberin, sondern selbst als Künstlerin in Erscheinung und nutzte ihren Salon als Aufführungsort für Musikstücke, die auf den öffentlichen Bühnen von Paris damals keine Chance hatten: Arien aus Oratorien Händels und Mendelssohns, Bachkantaten und eigene Werke. Der mit ihr befreundete Camille Saint-Saëns, der sie oft an Klavier und Orgel begleitete, nennt sie eine *»Gelehrte auf dem Gebiet der Musik«*; später wird er ihr seine Oper »Samson et Dalila« widmen. Mit dem Kunstkenner und überzeugten Republikaner Louis an ihrer Seite, macht sie ihr Haus in der rue de Douai 48 auf dem Montmartre zu einem Zentrum freien künstlerischen und intellektuellen Austausches. In den tiefer gelegenen Räumen der Villa befand sich eine eigens für sie erbaute edle Cavaillé-Coll-Orgel. Hier wurde geistliche, in den oberen Räumen weltliche Musik zu Gehör gebracht. In der Runde der geladenen Gäste waren die Malerei mit Ingres oder Delacroix und die Literatur mit Dickens, Hugo, Heine, Sand oder de Musset ebenso vertreten wie die europäische Musikszene mit Chopin, Liszt, Berlioz oder Clara Schumann. Eine lebenslange innige Freundschaft verband Pauline Viardot mit George Sand, die sie als »Consuelo«, eine ihrer großartigsten Romanheldinnen, verewigte.

Pauline war auch eine begabte Zeichnerin und karikierte manche Salonszene. Außer Französisch sprach sie fließend Spanisch, Italienisch, Deutsch, Englisch und Russisch. Sie vertiefte sich in die Eigenheiten und die musikalische Ausdruckswelt des Landes, in dem sie gerade lebte, fühlte sich in die jeweiligen historischen und nationalen Stile ein und entwickelte zugleich ihre ganz eigene Musik. 1843, bei ihrem ersten Gastspiel in Russland an der Oper in Petersburg, lernt sie den Schriftsteller Iwan Turgenjew kennen – sie war die erste Ausländerin, die russische Opernrollen in russischer Sprache zu Gehör brachte –, und zwischen beiden entwickelt sich eine tiefe Beziehung. Turgenjew verbringt den größten Teil seines weiteren Lebens, also rund 40 Jahre, mit der Künstlerin. Sie spornt den Dichter, der gegen die Leibeigenschaft kämpft, aber auch gegen die eigene Trägheit, mit ihrer funkelnden Energie zum Schreiben an. Er inspiriert sie mit seinen Texten, berät sie in Editions- und Übersetzungsfragen, verfasst Libretti für einige ihrer Opern und: lebt stets in ihrer Nähe (er war wohl auch der Vater von Paulines jüngster Tochter). Louis Viardot hält sich nicht mit Eifersucht auf, stattdessen freundet er sich mit dem Dichter an, beide gehen zusammen zur Jagd, bestärken einander in ihren politischen Anschauungen.

Seit ihrem Debüt als Sängerin besticht Pauline Viardot durch ihren Stimmumfang. Sie ist Mezzosopranistin, beherrscht aber von Jugend an auch extrem hohe Sopranpartien und erschließt sich nach und nach dazu die Contra-Alt-Lage. Vor allem aber wird sie berühmt durch ihre überragende geistige Ausstrahlung und hohe Kultur der Gestaltung. In einem Brief an den mit ihr befreundeten Dirigenten Julius Rietz beschreibt sie ihre Art des musikalischen Lernens: *»Jedesmal, wenn ich eine ganz nagelneue Parthie zu lernen habe, verfalle ich in einen halb träumerischen Zustand. Es ist mir, als hätte ich eine kleine Theaterbühne in der Stirn, wo meine kleinen Schauspieler sich bewegen. Selbst in der Nacht, während dem Schlaf sogar, verfolgt mich mein Privattheater.«* (18. März 1859) Pauline Viardot hat eine ganze Reihe von Musikern zu neuen Werken angeregt und an der Ausgestaltung von für sie komponierten Rollen häufig selbst als Komponistin mitgewirkt. Beschert ihr schon 1849 in der Pariser Oper die eigens für sie verfasste Musik zur Rolle der Fidès in Meyerbeers »Le prophète« einen Riesenerfolg, so erreicht sie mit der Titelrolle in der von Berlioz 1859 in Paris neu edierten Gluck-Oper »Orfeo ed Euridice« den Höhepunkt ihrer Karriere. Innerhalb von drei Jahren steht sie über 150 Mal als Orpheus auf der Bühne. Einer ihrer größten Bewunderer ist Berlioz selbst. Nach dem Gipfel dieses Erfolges zieht sie sich Anfang der 1860er Jahre von der großen Bühne zurück, auch, weil sie ihre Stimme überstrapaziert hat. Ihren Schülerinnen wird sie immer wieder ans Herz legen, vernünftiger zu sein.

Nachdem es in Frankreich unter Napoleon III. politisch immer unerträglicher geworden ist, lässt sich die Familie Viardot 1863, Tür an Tür mit Freund Turgenjew, im mondänen Baden-Baden nieder. Während Dostojewski sich im Casino um Kopf und Kragen spielt, weilen Theodor Storm, Lady Hamilton, Franz Liszt oder Kaiserin Augusta lieber bei Pauline Viardot. Diese hat im Garten ihr kleines privates Opernhaus, die *»Kunsthalle«*, errichten lassen, in der sie mit ihren Schülerinnen, Kindern und oft mit Turgenjew vor geladenem Publikum auch eigene Werke aufführt, Märchenopern wie »Trop de femmes« oder »Le dernier des sorciers«. Auch ihre Freundin Clara Schumann mietet bald in ihrer Nähe ein Haus und lädt zu anspruchsvoller Kammermusik ein. Manchmal wird sie von kleinen Neidanfällen gepackt ob Paulines Leichtigkeit (und Wohlhabenheit), doch meist ist sie voller Bewunderung. Am 3. Oktober 1867 schreibt sie an Brahms: *»Mit welchem Geschick, feinsinnig, anmuthig, abgerundet das Alles gemacht ist, dabei oft amüsantester Humor, das ist doch wunderbar! (...) und kaum hat sie das alles aufgeschrieben, spielt sie es nur so aus Skizzenblättern! ... kurz ich fand wieder bestätigt, was ich ja immer gesagt, sie ist die genialste Frau, die mir je vorgekommen.«*

Zu Paulines Werk gehören neben Opern und Operetten auch Chor-, Klavier- und Kammermusiken. Im Bereich der Vokalwerke liegt der Schwerpunkt auf Vertonungen für die weibliche Stimme, der Klavierpart tritt fast gleichwertig hinzu. Von ihren zahlreichen Transkriptionen sorgten die Schubert-Walzer und Chopin-Mazurken für Begeisterung. Vor allem aber sind ihre eigenen rund 200 Lieder von den anderen Komponisten der Zeit sehr bewundert worden. Und spätestens seit ich die Musik selbst gespielt habe, weiß ich, weshalb: Mit Anmut und tänzerischer Spielfreude wird die Ausdruckspalette der Romantik nicht nur um Tonfolgen, Rhythmen und Stimmungen aus der spanischen Volksmusik erweitert; zugleich werden auch, die stilistischen Mittel der Epoche ausreizend, ja manch neue vorwegnehmend, Klangsphären des französischen Impressionismus, Klangbilder russischer Erzählkunst und Belcanto-Kultur der italienischen Oper mit hineingeholt; Liszts Ideen der »Symphonischen Dichtung« leuchten hier im Kunstlied auf. Mit berückender Mühelosigkeit gelingt eine Synthese aus Esprit, Gefühl und Temperament, Dichtung und Musik. Viardots Musik enthält zwei zentrale Elemente, die einen ergänzenden Kontrapunkt bilden zur deutschen, vor allem Schumannschen Romantik mit ihrer Gedankenschwere und Seelendramatik: spontanen Witz, der bis zur charmanten Koketterie reichen kann, und – selbst in der konzentriertesten musikalischen Vertiefung – eine Art von *Unbesorgtheit*, die es, bei aller subjektiven Gefühlsergriffenheit, erlaubt, letztlich von sich selbst abzusehen.

Pauline baut in Baden-Baden auch ihre Lehrtätigkeit aus. Sie hat die Garcia-Methode zu einer Gesangsschule für die weibliche Stimme weiterentwickelt, mit der sie neue technische Maßstäbe setzt. Aus ihrem Unterricht gehen international anerkannte Sängerinnen hervor, auch ihre Kinder Louise, Claudie, Marianne und Paul bildet sie erfolgreich aus. Paul, der später als Geiger, Dirigent, Komponist und Musiktheoretiker bekannt wird, wirkt schon als Sechsjähriger an den Badener Salonaufführungen mit. Die Szenerie der Sonntagsmatineen beschreibt der Journalist Ludwig Pietsch 1856: »*... ein zierlicher, mit feinem Kunstgeschmack*

Bühnenszene: Pauline Viardot-Garcia und der Tenor Michot, um 1860

eingerichteter Saal, von grossen Fenstern in der Decke von oben her beleuchtet … An den dunkelgrün tapezierten Langwänden prangt die auserlesene Galerie alter Meisterwerke, welche Herr Viardot hier vereinigte. An der Türe Büsten Beethovens und Rossinis, in der Mitte das Meisterwerk des Franzosen Millet, die Marmorbüste der Besitzerin selbst. Und an der Wand gegenüber die prächtige innerlich klangreiche Orgel (…), davor der Pleyel'sche Flügel …« Wegen ihrer eigenwilligen Physiognomie wurde Pauline zwar von einigen Badenern »Viardot-Garstika« genannt, doch eigentlich vergötterten sie alle. Feodor von Milde berichtet seiner Frau Rosa in drei Briefen, die er 1869 nach Weimar schickt, wo beide als das bedeutendste Wagner-Sängerpaar der Liszt-Ära wirkten, ausführlich vom Geschehen. Seine Quintessenz: »*Das eigentliche Baden-Baden besteht für mich in Madame Viardot.*«

1870 sieht Pauline Viardot sich wegen des Deutsch-Französischen Krieges dazu gezwungen, ihren Musensitz in Baden-Baden aufzugeben. Nach Zwischenaufenthalten in London und Bologna geht sie endgültig nach Paris zurück. Von 1873 an lädt sie, erst in der rue Douai, später am boulevard St. Germain, wieder zu »Donnerstagsempfängen« ein. »*Tee und Brioches ersetzten die modischen luxuriösen Buffets*«, erinnert sich ihr Sohn, »*aber in der Rue Douai hörte man gute und schöne Musik.*« Pauline Viardot betätigt sich inzwischen auch als Förderin junger Talente wie Gounod, Massenet, Fauré und Brahms, dessen Alt-Rhapsodie sie bekannt macht. Als 77-Jährige soll sie, rückblickend, ihr so reiches und bewegtes Leben als »*ruhig und ereignisarm*« bezeichnet haben. 1904, 83-jährig, erlebt sie in Brüssel noch die Uraufführung ihrer Märchenoper »Cendrillon«. 1910 stirbt sie, nachdem sie sich von allen Familienmitgliedern verabschiedet hat, zu Hause. Clara Schumann war bereits 1896 gestorben. In einem ihrer letzten Briefe an sie, datiert vom 11. Juni 1892, hatte Pauline geschrieben: »*Meine liebe liebe Clara! Ist es nicht s c h ä n d l i c h, daß die zwei ä l t e s t e n F r e u n d i n n e n dieses Jahrhunderts so selten voneinander hören? Ich, meinerseits schäme mich schrecklich. Du mußt auch Dich schämen (etwas weniger jedoch als ich, denn Du hast einen Brief weniger auf dem Gewissen). Du schämst Dich. Ich schäme mich, wir schämen uns – ein Kuß und wir sind quitt!*«

Literatur (Auswahl): Paul Viardot: Souvenirs d'un artiste. Baden-Baden, Londres, Pendant la guerre de 1870. Paris 1910 | Heinrich Berl: Baden-Baden im Zeitalter der Romantik. Baden-Baden 1937 | Eugenie Schumann: Erinnerungen. Stuttgart 1948 | Charles-Camille Saint-Saëns: Musikalische Reminiszenzen. Aus d. Franz. übers. v. Eva Zimmermann. Hrsg. v. Reiner Zimmermann. Leipzig 1978 | Iwan Turgenjew: Literaturkritische und publizistische Schriften. Berlin/Weimar 1979 | Pauline Viardot-Garcia: Twelve Lieder. Ed. by Catherine Sentman Anderson. Bryn Mawr 1994 | Songs and Duets of García, Malibran and Viardot. Ed. by Patricia Adkins Chiti, Van Nuys 1997 | Pauline Viardot in Baden-Baden und Karlsruhe. Hrsg. v. Ute Lange-Brachmann u. Joachim Draheim. Baden-Baden 1999 | Klangwelten: Lebenswelten : Komponistinnen in Südwestdeutschland, Hrsg. v. Martina Rebmann u. Reiner Nägele, Stuttgart 2004 | Beatrix Borchard: Pauline Viardot. Entn. MUGI Musik und Gender im Internet <mugi.hfmt-hamburg.de/A_lexartikel/druckversion.php?id=viar1821>. Letzter Zugriff: 15.08.2013 | Pauline Viardot-Garcia. Entn. MUGI Musik und Gender im Internet <http://mugi.hfmt-hamburg.de/Viardot/starts2.html>. Letzter Zugriff: 20.08.2013

WINNARETTA
SINGER-POLIGNAC

1865–1943

»Die Prinzessin ist in die Musik verliebt wie eine Nähmaschine in den Stoff.«
Der Dichter Jean Cocteau über Winnaretta Singer, o. J.

Winnaretta Singer-Polignac gehörte ohne Zweifel zu jener farbenfrohen Menschenfamilie der ›schrägen Vögel‹, welche sich bekanntlich durch eine hochdosierte Mischung von Eigensinn, Unangepasstheit und Kreativität auszeichnen. Dies in Verbindung mit einem mehr als üppigen Vermögen, heißer Liebe zur Musik und – von erotischen Ausflügen abgesehen – kühler Distanz zum Rest der Welt bot offenbar ideale Voraussetzungen dafür, dass sie zu einer der bedeutendsten europäischen Musikmäzeninnen, wenn nicht *die* bedeutendste Musikmäzenin der Frühen Moderne werden konnte. Sie unterhielt in Paris einen Musiksalon mit hervorragenden Aufführungsbedingungen und einer erlesenen Gästemischung und förderte durch die Vergabe von Auftragswerken Komponisten wie Fauré, Debussy, Satie, Ravel, de Falla und die britische Komponistin Ethel Smyth (1858–1944), dazu VirtuosInnen wie den Pianisten Anton Rubinstein und die Cembalistin Wanda Landowska (1879–1959). 1829 bestritt Landowska in Winnarettas Salon mit Bravour die Cembalopartie der Uraufführung von de Fallas Kammeroper für Puppen, »Retablo de Mestro Pedro«.

Winnaretta Singer, Fotografie aus dem Jahr 1918

»Konzert der Cembalistin Wanda Alexandra Landowska«, Pastell von L. O. Pasternak, 1904

1940, elf Jahre später, wurde sie als polnische Jüdin aus Europa vertrieben und ihre kostbare Instrumentensammlung von den Nazis geraubt und zerstört. Winnaretta war bereits 1939 nach England emigriert, lebte zunächst auf dem Land in Torquay, zog dann aber, weil es ihr dort zu still war, in das von Bombenangriffen bedrohte London. Dort lud sie wieder Gäste zu sich ein, lernte Vertreter der nächsten MusikerInnengeneration wie Benjamin Britten kennen und organisierte Benefizkonzerte zugunsten des Roten Kreuzes. Das Ende des Krieges erlebte sie nicht mehr; 1943 starb sie im Londoner Exil.

Winnarettas Geschichte fing bereits opulent an: Ihr Vater, der amerikanische Großindustrielle Isaac Merritt Singer, hatte 1851 die Nähmaschine bis zur Produktionsreife entwickelt und die Fabrik *I. M. Singer & Company* gegründet. Er vermehrte jedoch nicht nur stetig sein Vermögen mit deren Erträgen, sondern auch mit den Resultaten seiner Schürzenjägerei die Zahl seiner Kinder; es sollen mindestens 18, wenn nicht 24 gewesen sein. Winnarettas Mutter, Isabella Eugenie Boyer, brachte im Rahmen ihrer Ehe mit Isaac *nur* sechs Kinder zur Welt – darunter 1865 in New York Winnaretta; sie wollte schließlich auch ihren künstlerischen Interessen weiter nachgehen und Hauskonzerte veranstalten. Ihr umtriebiger Gatte, ebenfalls musisch begabt, unterhielt die Kinder mit Puppenspiel und Theater und ließ ihnen besten Unterricht in Musik und Kunst zukommen. Winnaretta spielte schon bald hervorragend Klavier und Orgel und zeigte auch in der Malerei Begabung. Bereits 1866 war die Familie nach Paris übergesiedelt, 1870 zog sie nach England, wohnte erst in London, dann in Torquay auf einem luxuriösen Anwesen, zu dem sogar ein kleines Amphitheater gehörte. Als Winnaretta zehn Jahre alt war, starb ihr Vater. Mutter Isabella zog 1875 mitsamt Kindern und Vermögen zurück in ihre Geburtsstadt Paris, wo sie einen Salon eröffnete. Winnaretta, deren persönlicher Geschmack durch die Liebe zur Bach'schen Musik und die Begeisterung für die griechische Antike geprägt wurde, schulte ihr Ohr dort an klassischer Kammermusik von Mozart, Beethoven oder Schubert und wurden schon bald in die ›angesagten‹ Pariser Salons eingeladen. 1886 konnte sie ihr Erbe – eine Million Dollar – antreten. 1887 kaufte sie sich das Gemälde »Die Lektüre« von Manet und eine Villa und heiratete ziemlich überhastet einen jungen Mann aus besten Kreisen, den französischen Prinzen Louis de Scey-Montbéliard – eine Flucht: Ihr Stiefvater hatte sie vermutlich vergewaltigt, und ihrer Mutter hatte für diese eigenwillige Tochter mit den offenen »sapphischen Neigungen« ohnehin wenig Verständnis. Die Weichen für die vier Jahre später mit dem Einverständnis des Vatikans erfolgte Scheidung soll Winnaretta bereits in der Hochzeitsnacht gestellt haben: Als der Gatte das Schlafzimmer betrat, um zur ehelichen Ersttat zu schreiten, soll sie, mit einem Schirm bewaffnet, auf dem Kleiderschrank gesessen und ihm die Drohung entgegengeschleudert haben: »*If you touch me, I'll kill you!*« 1893 heiratete sie ein zweites

Mal: den Grafen Edmont de Polignac (1834–1901). Dieser brachte neben seiner nützlichen Herkunft aus dem Hochadel zwar keine nennenswerte materielle Ausstattung mit, dafür aber eine andere bedeutende Qualität: Er war schwul. Die beiden führten fortan eine glückliche Lavendelehe. Was Edmond und Winnaretta lebenslänglich miteinander verband, waren gegenseitige Achtung und Zuneigung, ein exzessiver Sinn für Ästhetik und die Liebe zu Malerei und Musik. Proust, der für beide große Sympathie hegte, soll über das Paar folgende Bemerkung hinterlassen haben: »*Er war Musiker, sie Musikerin, und beide empfänglich für jede Art von Intelligenz. Nur war es* ihr *immer zu heiß, und* er *war äußerst fröstelig.*« Da Proust selbst ständig fror, war er der Prinzessin äußerst dankbar, dass sie ihm stets – jedes Mal höflichst um Erlaubnis gefragt – gestattete, in ihrem Salon den Mantel anzubehalten, wenn er wie üblich kurz nach Mitternacht erschien.

1888 hatte Winnaretta bereits zu ihrem ersten eigenen Salon eingeladen. Als Prinzessin Edmond de Polignac machte sie sich nun mit exquisiten musikalischen Aufführungen und Treffen in ihrem Palais in der avenue Henri-Martin (heute avenue Georges Mandel, nahe dem Eiffelturm) einen Namen. 1894 ließ sie ihr Atelier so umbauen, dass darin Konzerte vor bis zu 100 Gästen stattfinden konnten. Auf einer Empore thronte eine kostbare Cavaillé-Coll-Orgel, unten in dem in Winnarettas Lieblingsfarben Blau und Grün gehaltenen Raum standen zwei Flügel. Dienstags fanden Orgelsoireen mit Pariser Organisten wie Widor oder Vierne statt, an anderen Wochentagen gab es Kammermusik. Winnaretta trat dabei ab und an auch selbst als Pianistin und Orgelspielerin auf; so berichtet Rubinstein von einer gelungenen Aufführung des »Valse romantique für zwei Klaviere« von Emmanuel Chabrier mit ihr. Viele Künstler widmeten Winnaretta ihre Werke, so 1899 der junge Maurice Ravel sein Klavierstück »Pavane pour une infante défunte«. Manchmal trat auch Edmond, der geistliche Musik komponierte, mit seinen Werken in Erscheinung. Er war 31 Jahre älter als Winnaretta, und seine große Begeisterung galt noch Richard Wagner, während der französische Wagnerianismus schon von Satie, dann von Debussy bekämpft wurde; beide waren Gäste in Winnarettas Salon.

Nach dem Tod ihres Mannes im Jahr 1901 wandte sie sich ganz den »enfants terribles« der musikalischen Avantgarde zu. 1915 gab sie bei Igor Strawinsky die Opernburleske »Renard« in Auftrag, 1924 bei Darius Milhaud, die Oper »Les malheurs d'Orphée«. Sie unterstützte nicht nur einzelne KünstlerInnen wie Nadia Boulanger (1887–1979) und Germaine Talliferre (1892 bis 1983), Francis Poulinc, Jean Françaix, Vladimir Horowitz und Clara Haskil (1895–1960), sondern auch Ensembles und Einrichtungen wie die *Balletts Russes* oder das *Orchestre Symphonique de Paris*. Die Prinzessin trat auch als Sammlerin neuer französischer Kunst in Erscheinung. Sie besaß immer noch das Bild »Die Lektüre« von Manet sowie mehrere Gemälde von Monet, dessen impressionistische Kunst zu jener Zeit zumeist noch verspottet wurde. Monet gehörte ebenso zu ihren Gästen wie Oscar Wilde, Colette (1873–1954), Isadora Duncan (1877–1927), Jean Cocteau und Coco Chanel (1883–1971). Stargast war Marcel Proust, neben Kafka der Begründer der literarischen Moderne, der die in seiner »Suche nach der verlorenen Zeit« literarisch verewigte Pariser Kulturszene der Belle Époque auch mit Charakteren und Atmosphären aus Winnarettas

Der Palazzo Contarini in Venedig, Sommer- und Gästesitz W. Singers

Salon ausstattete. Ihre Gemäldesammlung vermachte Winnaretta später dem Louvre. Einen Teil des Jahres verbrachte sie in Venedig. Dort hatte sie vom Erbe ihres Vaters zunächst den Palazzo San Gregorio gekauft und darin einen Salon eröffnet. Einer ihrer ersten Protegés und Gäste in Venedig war Fauré, der dort zwar an ihrem großen Auftrag für eine Oper scheiterte, dafür aber fünf »Venezianische Lieder« schrieb, die er seiner Gönnerin ersatzweise widmete. Später kaufte Winnaretta den Palazzo Contarini dazu, der eigens für die Mobilität der Gäste mit einem Motorboot ausgestattet war.

Der Umgang mit Winnaretta war, wie sich in Beschreibungen ihrer ZeitgenossInnen nachlesen lässt, nicht einfach. Schon äußerlich eine imposante Erscheinung, wird sie als autoritär, ja herrisch geschildert; Cocteau nannte sie »Tante Dante«. Ihren Mitmenschen begegnete sie mit Schroffheit und Kühle, soll aber, vor allem im Umgang mit ihren zahlreichen Nichten und Neffen, auch einen etwas bösartigen Humor entwickelt haben, den diese durchaus zu schätzen wussten. Umso näher stand »Winnie«, mit ihrem sicheren Gespür für besondere Menschen und neue Entwicklungen, der Musik. Persönlich wollte sie sich jedoch weder in die Karten noch ins Herz schauen lassen. Auch in ihrem Liebesleben hielt sie die Fäden fest in der Hand; wenn sie beschlossen hatte, dass Schluss war, dann *war* Schluss, das musste auch Ethel Smyth leidvoll erfahren, die sich ernsthaft in sie verliebt hatte. Als Winnaretta älter wurde, blieben ihre Beziehungen etwas konstanter, so in den frühen 1920er Jahren mit der italienischen Konzertpianistin Renata Borgatti (1884–1964), von 1923 bis 1933 mit der britischen Schriftstellerin Violet Trefusis (1894–1972) und von 1938 bis zu ihrem Lebensende mit der von ihr protegierten Garten- und Landschaftsarchitektin Alvide Chaplin (1909–1994).

Im Alter verfasste Winnaretta, die auch als Malerin einigen Erfolg hatte, auf Anraten von Virginia Woolf ihre Memoiren. Im November 1842, ein Jahr vor ihrem Tod, schrieb Winnaretta an die mit ihr befreundete Nadia Boulanger: *»Ich bemühe mich alle Tage einige Zeilen aus einer Fuge von Bach auswendig zu lernen, was mir sehr schwer fällt. Nun bin ich eine alte Lady und in Anbetracht meines nahenden Endes stelle ich fest, daß ich immer die Musik, die Malerei und Bücher geliebt habe, mehr als alles andere auf der Welt. Und ich habe Recht damit gehabt.«*

In ihrem Testament verfügte sie die Umwandlung ihres Besitzes in eine Stiftung, die nach ihrem Tod zunächst von Nadia Boulanger weitergeführt wurde. Winnarettas Palast mit seinen großzügigen Musiksälen, venezianischen Leuchtern und den Wandmalereien des spanischen Künstlers José-Maria Sert, die dieser im Stil italienischer Fresken erschuf, ist bis heute Sitz der Stiftung Singer-Polignac.

Literatur: Sylvia Kahan: Music's Modern Muse. A Life of Winnaretta Singer, princesse de Polignac. Rochester 2003 | Sabine Fringes: »Verliebt in die Musik wie eine Nähmaschine in den Stoff.« Entn. Deutschlandfunk Lange Nacht < http://www.dradio.de/dlf/sendungen/langenacht/15708121>. Letzter Zugriff: 20.05.2012

JÄGERINNEN UND SAMMLERINNEN:

Schwerpunkt Bildende Kunst

Im klassischen Konversationssalon der französischen *Gelehrtenrepublik* gehörte die Beteiligung von VertreterInnen verschiedener Bereiche aus Kunst und Kultur zum Ideal einer ganzheitlichen humanistischen Bildung. So referierte im Pariser Salon von Madame de Lambert (1647–1733) der Rokokomaler Watteau ebenso über seine neue Kunsttheorie, wie der Philosoph Montesqieu aus seinen »Persischen Briefen« vorlas oder die Schauspielerin Adrienne Lecouvreur (1698–1736) eine Passage als Iokaste aus Voltaires »Ödipus« vortrug. Später gab es auch Salons mit einem dezidierten inhaltlichen Schwerpunkt wie die Bildende Kunst. Hier war die Salonnière zugleich Mäzenin, Kunstsammlerin oder selbst aktive Künstlerin und lud bevorzugt KünstlerInnen ein. Vier solcher Gastgeberinnen möchte ich in diesem Kapitel vorstellen: Valtesse de La Bigne, Berta Zuckerkandl, Marianne von Werefkin und Gertrude Stein. Es ist zwar längst bekannt, dass Frauen ebenso wie Männer große Mäzeninnen und Sammlerinnen waren, doch die Bedeutung der Salonkultur für die Förderung und gesellschaftliche Akzeptanz innovativer Kunstrichtungen und KünstlerInnen harrt noch einer gründlichen Erforschung. Wir finden diese Allianz verstärkt in Epochen, in denen Vermögen, Selbstbewusstsein und ein hohes Interesse von Frauen an kultureller Teilhabe mit bedeutenden künstlerischen Leistungen in einer Gesellschaft zusammentrafen, also vor allem in der italienischen Renaissance und in der frühen europäischen Moderne.

Unter den Vorzeichen der Abhängigkeit der Künste und KünstlerInnen von Klerus und weltlichem Adel gab es an einer Reihe europäischer Höfe der Renaissance großzügige Kunstförderung. Fürstinnen mit einer so umfassenden Bildung und einem derartigen Gestaltungswillen wie die Markgräfin von Mantua, **Isabella d'Este (1474–1539)**, erschufen aus ihren Musenhöfen in Kombination mit anspruchsvoller Geselligkeitskultur eine Art Gesamtkunstwerk. Isabella d'Este, in Europa als *»la prima donna del mondo«* verehrt, war eine geradezu besessene Sammlerin von Kunstwerken, die sie in ihrer eigens dafür ausgestalteten Schatzkammer, der *grotta*, ausstellte. Dazu trat sie als Mäzenin und Auftraggeberin in Erscheinung und lud eine handverlesene Auswahl von Musikern, Malern und Dichtern in ihr kostbares privates Studierzimmer, das *studiolo*, welches sie mit prachtvollen allegorischen Gemälden ausgestalten ließ, zum Gespräch.

Im 18. Jahrhundert trat neben Madame de Pompadour, der kunstsinnigen Mätresse Ludwigs XV., **Marie Thérèse Geoffrin (1699–1777)**, die erste namhafte bürgerliche Salonnière in Paris, als Förderin und Mäzenin der Künste hervor. Mittwochs öffnete sie ihre Räume für die Philosophen und Literaten, montags für die bildenden KünstlerInnen. Dazu gehörten angesehene Maler wie der Rokokoporträtist Vanloo, Architekten, Bildhauer, Kupferstecher, Kunstsammler. Gemäß der geistigen Offenheit einer aufgeklärten Salonnière lud Madame Geoffrin sowohl einen Maler wie Greuze ein, der der Aufklärung nahestand, als auch den von Diderot heftig kritisierten Star der höfischen Rokokomalerei, Boucher. Mit ihrem Netz aus internationaler Korrespondenz und Salonkommunikation vermittelte Madame Geoffrin viele Aufträge – und machte so die französische Kunst in Europa bekannt. Rund vier Jahrzehnte später führte in Italien eine Malerin mit einer bis dahin beispiellosen Erfolgsgeschichte einen Salon, in dem sich die bedeutendsten

MalerInnen Roms, der Hofadel und die geistige Elite Europas trafen: **Angelica Kauffmann (1741–1807)**, *»die zehnte Muse Roms«*. Neben kultivierter Geselligkeit diente ihr prunkvoller Salon in dem Palazzo auf dem Monte Pincio der Freundschaftspflege und Gewinnung prominenter AuftraggeberInnen wie Herzogin Anna Amalia oder Goethe. Eine besondere Gästegruppe stellten die jungen Malerinnen dar, die Angelica Kauffmann als künstlerisches Vorbild verehrten und von denen sie einige förderte. Ihre französische Konkurrentin **Élisabeth Vigée-Lebrun (1755–1842)**, die als Porträtistin eine noch spektakulärere Karriere machte, führte in Paris einen mondänen Salon, der auch nach der Französischen Revolution vor allem der Gewinnung adliger KundInnen galt. Wiederum in Rom lud, anfang des 19. Jahrhunderts, eine hochgebildete wohlhabende Dame KünstlerInnen zu *»conversaziones«* in ihren Salon: **Caroline von Humboldt (1766 bis 1829)**. Sie besaß einen feinen Sachverstand für Malerei und Bildhauerei und erwarb sich schnell den Ruf als Gastgeberin und Kunstkennerin von europäischem Rang. Zum Kreis ihrer Gäste und Auftragnehmer gehörten die Bildhauer Rauch und Thorvaldsen, der Maler Schlick und später auch die Gruppe der Nazarener, für deren Kunstrichtung sie tatkräftig warb.

Im Gefolge der Französischen Revolution sowie der europäischen Befreiungs- und Demokratiebewegungen lösten sich die bildenden KünstlerInnen aus der Abhängigkeit vom Hof. Während französische Bürger, die eben noch revoltiert hatten, sich nun um Karriere und Vermögen kümmerten, strebten die KünstlerInnen nach Autonomie. Sie distanzierten sich zunehmend von konservativen Institutionen wie der *Académie royale de peinture et de sculpture* und schufen sich neben dem *Salon Carré* im Louvre eigene Ausstellungsorte wie den *Salon d'Independants* (ab 1884) und später den *Salon d'Automne* (1903). Unterstützung für neue Kunstrichtungen fanden sie oft bei unorthodoxen Adelsdamen des europäischen Hochadels, die ihr Vermögen und ihre Kreativität in die Tätigkeit als Salonnière und Mäzenin investierten. Zu dieser Gruppe gehörte auch **Prinzessin Mathilde Bonaparte (1820 bis 1904)**, Tochter von Katharina von Württemberg und Napoleons Bruder Jérôme Bonaparte. In ihrem Pariser Salon gehörte der Freitagabend der Dichtung und Wissenschaft und der Mittwochabend der Kunst. Sie duldete in ihren Räumen keine politischen Schlagabtäusche und öffnete sie auch für Werke und Positionen, die ihr persönlich nicht zusagten. So unterstützte sie den spätklassizistischen Maler Ingres ebenso wie den sozialkritischen Lithografen Paul Gavarno oder den Fotografen Nadar, der in seinem Atelier Werke der damals verachteten Impressionisten ausstellte.

Eine kleine Gruppe von Frauen erlebte in Paris einen grandiosen Aufstieg mit grandiosem Ruhm und Reichtum, auch wenn sie nie wirklich zur Gesellschaft dazugehörte: die großen Kurtisanen der Belle Époque. Niemand lebte dichter an der Bruchkante zwischen Glanz und Elend, verachtete stolzer die bürgerliche Doppelmoral! Der rebellische Flaneur Manet, der Arbeitersohn Renoir, der Bohemien Toulouse-Lautrec, sie alle bewunderten ihre Inszenierungskunst, ihre Schönheit, ihre Nacktheit und fühlten sich in ihren Salons besser aufgehoben als auf dem Paradesofa einer neureichen Industriellengattin. In dieser uralten, wieder erneuerten Allianz, deren Tradition in die Zeit der italienischen Kurtisanen zurückreicht, entstanden neben vielen Verhältnissen auch vertrauensvolle Freundschaf-

Literatur: Gottfried Sello: Malerinnen aus vier Jahrhunderten. Hamburg 1994 | Waltraud Maierhofer: Angelika Kauffmann. Reinbek 1997 | Petra Wilhelmy-Dollinger: Die Berliner Salons. Berlin/New York 2000 | Ulrike Müller: »Ganz ermüdet von scherz- und ernsthaften Reden«. Das Leben als Gesamtkunstwerk. Textheft zur Ausstellung »Stationen europäischer Salonkultur« im Romantikerhaus Jena. Jena 2002 | Beate Neubauer: Schönheit, Grazie, Geist. Die Frauen der Familie von Humboldt. Berlin 2007

ten. Und die Königinnen der Pariser Halbwelt – darunter auch **Valtesse de La Bigne (1848 bis 1910)** – wurden zu großzügigen Mäzeninnen, gehörten oft selbst zur künstlerischen Avantgarde.

In den autoritären Kaiserreichen Deutschland und Österreich-Ungarn waren Salonnièren, die in den Metropolen neue Kunstrichtungen förderten, aus anderem Holz geschnitzt: Sie stammten aus großbürgerlichen, oft liberal-jüdischen Häusern, hielten sich in ›tonangebenden Kreisen‹ auf, waren so vermögend, dass sie exquisiteste Salonkultur anbieten konnten – oder sich die neue Einfachheit leisteten –, und so emanzipiert, dass sie Umgang pflegten, mit wem sie wollten, vor allem mit Schriftstellern und Künstlern. Manche von ihnen waren selbst künstlerisch tätig, selten jedoch hatte eine schon einen so modernen Beruf wie die große Wiener ›Universal-Salonnière‹ und Kunstförderin **Berta Zuckerkandl (1864–1945)**. Parallel dazu entwickelte sich in Berlin im Salondialog von Literatur und Bildenden Künsten so etwas wie ein Kulturforum der frühen Moderne. Die Porträtmalerin **Sabine Lepsius (1864–1942)** malte ihre Salongäste George und Rilke, während die Schriftstellerin und Salonnière **Helene von Nostiz (1878–1944)** Rilke und Rodin, Salons und Salonnièren literarisch porträtierte und **Cornelia Richter (1842–1922)**, Enkelin der jüdischen Salonnière **Amalie Beer (1767–1854)**, van de Velde dazu einlud, bei ihr Vorträge über Neue Kunst zu halten. Äußerst brillant als Salonnière und mutig als Kunstsammlerin war **Felicie Bernstein (1852–1908)**, deren *Mittwochssalons* – u. a. mit Klinger, Menzel und Liebermann – für das künstlerische Leben in Berlin zwischen 1880 und 1908 zu einem zentralen Treffpunkt wurden. Sie und ihr Mann hatten 1882 in Paris Werke von MalerInnen wie Degas, Monet, Pissarro und Mary Cassatt (1845–1926) gekauft; nun besaßen sie die erste Sammlung impressionistischer Kunst in Deutschland. Als sie die Bilder zum ersten Mal in ihrem Salon zeigten, stießen sie auf rüde Ablehnung. Am Ende trugen sie wesentlich zur Etablierung des Impressionismus in Deutschland bei. Im Süden des Kaiserreiches, in der Hauptstadt Bayerns, gab es die weltweit angesehene *Akademie der Bildenden Künste München*, doch erst die expressionistische Avantgarde von Kandinsky bis Klee, die dort um 1900 studierte, zog die Münchner Kunstszene in die Moderne herüber, ganz vorn mit dabei eine adlige russische Malerin, die den Damen der Münchner Oberschicht zeigte, wie weltgewandt eine Ausländerin einen Salon führte: **Marianne von Werefkin (1860–1938)**.

Schauen wir zum Schluss noch einmal durch die Zeitfenster der ersten beiden Jahrzehnte des neuen Jahrhunderts nach Paris: Dort war gerade eine Gruppe ungehorsamer amerikanischer Töchter aus gutem Hause – reich, intelligent, gebildet, süchtig nach neuer Kunst im alten Europa – dabei, sich gemeinsam mit ein paar rebellischen Europäerinnen am *Linken Ufer* der Seine niederzulassen. Eine von ihnen lud schon bald zu sich ein: **Gertrude Stein (1874–1946)**. In ihren Räumen in der rue de Fleurus traf die Geschichte des europäischen Salons als Ort weiblicher Gesprächskultur auf die Geschichte des *Pariser Salons* als Ausstellungsort für europäische Kunst. Für die Beantwortung der Frage, was diese Schriftstellerin im Kapitel über die Bildende Kunst zu suchen hat, empfehle ich die Lektüre des letzten Porträts in diesem Buch.

VALTESSE
DE LA BIGNE

1848–1910

»Eine Kurtisane darf alles, ohne etwas zu vertuschen, ohne sich zu verstellen oder zu heucheln, ohne den geringsten Vorwurf oder Tadel fürchten zu müssen, denn nichts berührt sie! Sie ist außerhalb der Gesellschaft und deren Engstirnigkeit. ... Siegreiche Rebellin!«

Worte der Kurtisane Altesse in »Idylle saphique« von Liane de Pougy (1901). In der Romanfigur der Altesse wird Valtesse de La Bigne dargestellt.

Valtesse de La Bigne, Fotografie von A. Pougnet, 1880

Als junge Frau lud sie vermögende adlige Lebemänner in ihr opulentes Prunkbett ein, als reifere Frau avantgardistische Künstler in ihren Salon und Freundinnen in ihr Prunkbett. Valtesse de La Bigne gilt bis heute als eine der reichsten – und einflussreichsten – Kurtisanen der französischen Belle Époque. Und auch wenn die Bedeutung ihres Salons bisher eher in den Hintergrund gerückt wurde, gehört sie zu einer bedeutenden weiblichen Traditionslinie der Salonkultur, die sich bis in die Antike zurückverfolgen lässt: zu den Frauen, die, als Hetären oder Kurtisanen oder neben der Gesellschaft lebend, mit mächtigen Liebhabern verkehrten und sowohl zu erotischem als auch zu geistigem Amüsement zu sich einluden. In der Regel handelte es sich um hochgebildete Frauen – einige waren Philosophinnen, Dichterinnen oder Künstlerinnen –, die durch ihren Geist, ihr Wissen und ihre Gesprächskunst den Kreis ihrer Gäste, oft um bedeutende Künstler, erweitern konnten.

Auch Valtesse de La Bigne wird als klug und gebildet beschrieben, nicht nur ihre Schönheit, auch ihr kühler Esprit zog Männer und Frauen an. Ihre Freundin Liane de Pougy (1869–1950) schildert sie in ihrer Autobiografie als *»verführerisch im Übermaß«* und zugleich als eine Frau, die *»von ungewöhnlicher Intelligenz und mit einem starken Charakter und Willen versehen«* war. In ihrem Salon soll Valtesse de La Bigne Texte von Montaigne, Baudelaire und Nietzsche vorgetragen haben. Dennoch gab es zwischen ihr und ihren Vorgängerinnen einen bedeutenden Unterschied: Während eine Kurtisane wie Tullia d'Aragona (1510–1556) noch aus dem Adel stammte, kam Valtesse de La Bigne aus sozialen Elendsverhältnissen. Sie benötigte also in der Tat einen starken Willen, um ›von unten‹ in die höchsten Kreise aufzusteigen und – was im historischen Vergleich eher eine Ausnahme ist – sozial nicht wieder abzustürzen, sondern bis zu ihrem Lebensende ›oben‹ zu bleiben.

Das meiste hat sie sich wohl selbst beibringen müssen: das Tanzen und die Schauspielerei, den Kunstsinn, die literarischen Kenntnisse, die mondäne Weltläufigkeit und die ›coolness‹, ihre Rolle als »Grande Horizontale« auszuhalten und ihr Leben auch noch zu genießen. *»Von einem unglaublichen Luxus umgeben, lebte sie kaltblütig das wahre Leben einer Kurtisane. … Zu einer (…) großen Dame (…), die den schlechten Geschmack besaß, wegen ihrer adligen Geburt zu posieren, sagte sie eines Tages: ›Sie kommen von einem berühmten Vorfahren her, und ich, ich steige auf ihn hinauf, das ist alles!‹ Ihre Devise war (…): altière, altesse et sans faiblesse – erhaben, hoheitsvoll und ohne Schwäche.«* So beschreibt Liane de Pougy ihre Freundin Valtesse de La Bigne in der »Idylle saphique« und nennt sie sprachspielerisch und folgerichtig: Altesse = Hoheit.

Valtesse de La Bigne stammt aus der Normandie und hieß eigentlich Cécile Émile Louise Delabigne. In den leider sparsamen biografischen Darstellungen ist von ihrer Mutter lediglich als einer armen Wäscherin oder einer Prostituierten die Rede, ihr Vater wird überhaupt nur einmal erwähnt: als Alkoholiker. Über die Geschichte ihrer Kindheit und Jugend erfahren wir sonst nichts. Eines schönen Tages im Jahr 1866 aber steht diese ganz und gar unbekannte Émile Louise aus der Provinz, 18-jährig, als Schauspielerin und Tänzerin auf einer Bühne in Paris – vermutlich die Bühne von Jacques Offenbachs *Théâtre des Bouffes-Parisiens*. Und sie gibt dort ihr Debüt als Hebe in Offenbachs komischer Oper »Orpheus in der Unterwelt« (Uraufführung 1858). Diese musikalische Satire, mit der Offenbach sowohl große Opernwerke parodierte als auch die Klassikseligkeit, Doppelmoral und politische Schwäche der ›besseren Gesellschaft‹ und deren Götter verspottete, hatte den Komponisten schlagartig in den europäischen Kulturmetropolen populär gemacht. Auch Émilie Louise Delabigne sah die Welt mit kritischen Blicken, und sie wollte mehr erreichen, als in einer Nebenrolle als hübsche kleine Mundschenkin zweifelhaften olympischen Göttereltern den Nektar zu kredenzen. Die reichlichen Gaben, die ihr die Natur mitgegeben hatte, boten beste Voraussetzungen für dieses ›Mehr‹, fehlte nur noch der passende Stammbaum. Also erhob sich Mademoiselle De=la=bigne mithilfe einer kleinen Schnittmusteränderung ihres Namens selbst in den Adelsstand. Der Erfolg gab ihr

»Frühstück der Ruderer«, Gemälde von Pierre-Auguste Renoir, 1880/81

recht: *»Eines Tages, als man ihr das Formular für die Volkszählung überreichte, sah sie, dass jede Halbweltdame zaghaft das für den Beruf vorgesehene Feld ausgefüllt hatte: die eine hatte Privatfrau, die andere Grundbesitzerin eingetragen. Schamlos kritzelte sie das eine Wort: Kurtisane.«* (»Idylle saphique«).

Obschon von einem Kritiker als schüchterne Jungfrau von Tizian apostrophiert (aber vielleicht war genau das der Reiz), lebte sie schon bald in höchstem Komfort an der Seite reicher adliger Liebhaber, wie zum Beispiel des Barons de Sagan. Charles William Frederick Boson de Talleyrand-Périgord, Prinz, später Herzog von Sagan und Talleyrand, war von ihren Reizen so angetan, dass er ihr am Boulevard Malherbes ein *Hôtel particulier*, ein prächtiges Stadtpalais erbauen ließ, geplant von dem Architekten Jules Février, der sonst Gebäude für Banken und Versicherungen entwarf.

Zu ihren Salontreffen und üppigen Diners lud Valtesse neben wenigen Schriftstellern vor allem Maler ein, weswegen ihr Palais auch »L'Union des Artistes«, die Künstlervereinigung, genannt wurde. Zur älteren Generation der Gäste gehörten Gustave Courbet, der Hauptvertreter des Französischen Realismus, und Eugène Boudin, ein bedeutender Vorläufer des Impressionismus, zur mittleren der große sozialkritische Wegbereiter der Moderne, Édouard Manet, und der Impressionist Jean Baptiste Antoine Guillemet, zur jüngeren der Manet nahestehende Henri Gervex sowie der Impressionist Jean-Louis Forain. Dazu fanden sich noch zwei Schlachtenmaler in dem Kreis ein (patriotische Ader oder Schwäche für schneidige Uniformen?): Alphonse Neuville und Édouard Detaille. Leider gibt es kaum Informationen über diese Salontreffen. Was mag die TeilnehmerInnen wohl miteinander verbunden haben? Der illusionslose Blick auf das Verhältnis von Schein und Sein, eine gewisse Unangepasstheit, Freude an Provokation, der mal nüchterne, mal verliebte, mal melancholische Blick auf die Großstadt Paris und die Begeisterung für Baudelaires Gedichtband »Les Fleurs du Mal« (Die Blumen des Bösen, 1857–1868)? In den Gemächern der Gastgeberin hingen zahlreiche, von ihren Gästen geschaffene Gemälde; sie scheint die Künstler durch Ankäufe unterstützt zu haben. Mehreren von ihnen stand sie auch Modell. Die bedeutendsten Darstellungen schufen Édouard Manet, Henri Gervex, Édouard Detaille und Jean-Louis Forain. Susan Vreeland hat in ihren kunsthistorischen Roman »Sonntage im Licht« (2007), in dem sie die Entstehung von Auguste Renoirs Gemälde »Frühstück der Ruderer« (1880/81) schildert, mehrere Passagen eingewebt, in denen Valtesse de La Bigne, hier Circe genannt, dem Maler Modell sitzt, sich dann aber so unerträglich kokett benimmt, dass Renoir die teure Farbe wieder von der Leinwand kratzt und Aline Charigot dafür gewinnt, ihre Stelle (ganz vorn links im Bild) einzunehmen.

Das bekannteste der Valtesse-Gemälde ist wohl Manets »Nana«. Der 45-jährige Maler sorgte damit, als es 1877 im Salon ausgestellt werden sollte, absichtsvoll für moralische Entrüstung. In der Bildmitte befindet sich, in ganzfigürlicher Darstellung, eine unvollständig bekleidete, nur mit einem leichten Unterkleid angetane junge Frau, die in ihrem Boudoir vor dem Spiegel steht und sich schminkt. Ihren Blick richtet sie kühl und selbstbewusst auf den Betrachter. Vorn rechts im Bild ist die Gestalt eines Galans der besseren Gesellschaft angedeutet, zwar vollständig bekleidet, mit

Frack, Stöckchen und Zylinder, aber dennoch im Verhältnis zur Hauptperson nur ›Randfigur‹ – es ist nur ein Streifen von ihm zu sehen. Frau und Mann haben keinen Blickkontakt. Man schaut mit den Augen des Beobachters Manet auf die Welt, die er hinter den Kulissen des schönen Scheins der Belle Époque wahrnahm, und entdeckt: Beziehungslosigkeit. Die Szene des sich vervielfachenden Voyeurismus (BildbetrachterIn, Künstler, Dirne, Galan), des Be-Schauens der zur Schau gestellten Zuschauenden, hat bis heute nichts von ihrer traurigen Obszönität verloren. 1878 wollte Henri Gervex, der 20 Jahre jünger war als sein Vorbild Manet, mit dem Gemälde »Rolla« seinerseits den ganz großen Skandal provozieren; wieder war Valtesse de La Bigne das Modell. Eine schlafende junge Frau ruht nackt, hingegeben, auf einem zerwühlten Bett, während ihr mit Hemd und Hose bekleideter Liebhaber links neben dem Lager steht und sie betrachtet. Rechts vom Bett liegen ihre Kleider, obenauf das Korsett, und darauf *sein* Zylinder. Vom Salon wurde das Gemälde als zu unsittlich abgelehnt. Auf Gervex' ganzfigürlichem »Portrait der Mlle V***« hingegen, das ein Jahr später als sein erstes Gemälde »en plain air« entstand, lustwandelt Valtesse de La Bigne anmutig und sittsam, im eleganten modischen Kleid unter einem luftigen weißen Sonnenschirm auf der Promenade. Das Modell und sein Maler lebten übri-

»Mademoiselle Lucie Delabigne«, Pastell von Edouard Manet, 1879

gens auch eine Zeit lang zusammen. Interessant bleibt bis heute die Frage, welche Frauenbilder die Maler damals im Kopf hatten und mit welchem Blick, auch als *Mann*, sie das weibliche Modell jeweils tatsächlich betrachteten. Das Pastell, welches Manet 1879 von Valtesse de La Bigne schuf, soll ihr jedenfalls besonders gut gefallen haben. Die Seitenansicht ihres Gesichts mit dem aufgesteckten rotblonden Haar, am Hals von einem weißen Spitzenkragen umsäumt, zeigt, im Zusammenspiel mit dem luftigen Blau des Kleides, eine zarte, fast zerbrechliche Lieblichkeit.

1876 veröffentlicht Valtesse de La Bigne den autobiografischen Roman »Isola«, in dem sie ihren Aufstieg zu einer der berühmtesten Kurtisanen und reichsten Frauen der Pariser Belle Époque darstellt. Das skandalöse Buch und die Skandalgemälde der Maler inspirierten auch SchriftstellerInnen dazu, aus Valtesse eine Romanfigur zu machen. Émile Zola, dem Meister des literarischen Naturalismus, diente sie als Vorlage – man könnte auch sagen: ›Bettvorleger‹ – für die weibliche Hauptperson »Nana« im gleichnamigen Roman (1879/80). Sein Malerfreund Guillemet machte Zola für das Schreibvorhaben mit Valtesse de La Bigne bekannt; er durfte an einem Souper teilnehmen, wurde durchs Haus geführt. Der Roman erzählt die Geschichte einer jungen Frau von einfacher Herkunft, die dank ihrer sexuellen Macht zur Luxusgeliebten eines Adligen aufsteigt, durch ihre Zügellosigkeit jedoch sozial wieder abstürzt und in Krankheit und frühem Tod endet. So detailgenau Zola in Kapitel 10 das Schlafzimmer mit dem berühmten bronzeziselierten Prunkbett von Valtesse de La Bigne darstellt (es befindet sich heute im Pariser *Musée des Arts décoratifs*), so wenig stimmt seine Antiheldin Nana mit ihrem realen Vorbild überein. Sätze wie »*... in ihrem Spatzengehirn blieben Rachegedanken und -gelüste nicht lange haften*« festigen das Klischeebild von der dummen, verwöhnten, hemmungslos triebgeleiteten Femme fatale, die die Männer, ja die ganze Kultur in den Abgrund zieht. Das war dichterische Freiheit, gewiss, doch Valtesse de La Bigne reagierte verärgert. Eine Frau müsse schon intelligent sein, wenn sie triumphieren wolle, meinte sie, Zola hingegen sei dumm, wenn er das nicht wüsste. Sie lud ihn trotzdem wieder in ihren Salon ein.

Schritt für Schritt baute Valtesse de La Bigne ihre Karriere aus, und irgendwann kannte sie »tout Paris«: ›Was macht sie? Zu wem fährt sie (mit ihrer weißen Kutsche)? Was für ein Kleid trägt sie heute?‹ Die Damen der Bourgeoisie – die mit dem echten Stammbaum – und die Unternehmergattinnen begannen, sich à la Valtesse zu kleiden. Jetzt auch in der Mode der ›besseren Gesellschaft‹ den Ton angebend und dabei weiter die Freiräume neben ebenjener Gesellschaft auslotend, wandte Valtesse ihr Begehren nun den Frauen zu. Zu ihren Geliebten gehörte die Tänzerin und Kurtisane Émilienne d'Alençon (1869–1946), die mit »La Belle et la Bête« auf der Bühne der *Folies Bergère* (1869 als Varietétheater gegründet und schon bald zentraler Umschlagplatz für anspruchsvolle Liebesdienste), in London später in dem Ballett »The Red Slippers« bekannt wurde. Auch in die berühmteste Kurtisane der Belle Époque, Liane de Poigy, verliebte sie sich, und beide lebten eine Zeit lang zusammen.

Als sie älter wurde, zog Valtesse sich in den Pariser Vorort Ville-d'Avray auf der Isle de France zurück, wo für sie 1901 die Villa *Maison de la Chapelle du Roi* gebaut wurde, die bis heute erhalten ist. Teile der Inneneinrichtung stammen von dem Art-nouveau-Designer Louis Majorelle. Nach wie vor lud sie Künstlerfreunde in ihren Salon ein, so auch den Opernkomponisten Jules Massenet. Und nach wie vor umschwärmt, beneidet und bewundert, lebte sie bis zuletzt wie eine Königin. Ein Verehrer stiftete nach ihrem Tod 1910 für ihre Grabstätte auf dem Friedhof von Ville-d'Avray ein Monument aus Marmor und Granit, auf welchem die Urne mit der Asche der Künstlerin, von vier Adlern bewacht, dem Himmel entgegenschwebt. Das Grab steht heute unter Denkmalschutz.

Literatur: Liane de Pougy: Sapphische Idylle (Idylle saphique, 1901). Übers. aus d. Franz. u. mit einem Vorwort v. Claudia Thomas. Norderstedt 2010 | Emile Zola: Nana (1879/80). Mit einem Nachwort v. Rita Schober. München 2003 | Werner Hofmann: Nana. Eine Skandalfigur zwischen Mythos und Wirklichkeit. Ostfildern 2001 | Monet und Camille. Frauenporträts im Impressionismus, hrsg. v. Dorothee Hansen u. Wulf Herzogenrath für die Kunsthalle Bremen. Ausstellungskatalog. München 2005 | Susan Vreeland: Sonntage im Licht (Luncheon of the Boating Party, 2007). Übers. aus d. Amerik. v. Andrea Brandl. München 2007 | Jane Kinsman: Van Gogh, Gauguin, Cézanne and Beyond: Post-impressionist Masterpieces from the Musée d' Orsay. Canberra 2009

BERTA
ZUCKERKANDL

1864–1945

»Diese Diwanecke ist der Hauptbestandteil meines geselligen Lebens. Seit vielen Jahren treffe ich hier mit Freunden zusammen. ... Politikern lauscht der erfahrene Diwan mit Verständnis, er kennt viele Dichter, die hier Klage laut werden lassen. ... Er bemitleidet die neuen Armen. ... Er lächelt über die neuen Reichen, die erstaunt erfahren, daß es Dinge gibt wie Geist und Ideale, die nicht zu kaufen sind. ... Auf meinem Diwan wird Österreich lebendig.«

Berta Zuckerkandl, um 1920 in ihren »Erinnerungen 1892–1942«

Berta Szeps (spätere Zuckerkandl), Fotografie aus dem Jahr 1909

»Hier Otto Wagner ... Ich habe unlängst einen Artikel von Ihnen gelesen und dabei entdeckt, dass Wien noch in Europa liegt und nicht in Botokudien. Darf ich mich vorstellen? Gnädige Frau, ich erlaube mir, Sie im Namen der Secssionisten, die eben eine Gegenvereinigung gründen, anzurufen. Heute Abend gehen wir alle zum Heurigen nach Grinzing. Es wäre uns eine hohe Ehre, Sie dort begrüßen zu dürfen. Kann ich Sie mit einem feschen Fiaker abholen?« Die hier von dem Wiener Architekten zum Treffen Gebetene ist die Salonnière, Schriftstellerin und Journalistin Berta Zuckerkandl. Sie war sowohl Förderin als auch Mitbegründerin der aus dem Wiener Kunsthaus ausgetretenen *Wiener Secession* (1897), zu der unter anderem Gustav Klimt, Koloman Moser, Josef Hoffmann, Joseph

Maria Olbrich und Otto Wagner gehörten. Der Bau von Josef Hoffmanns wegweisendem »Sanatorium Purkersdorf« geht auf ihre Initiative zurück, und auch an der Gründung der von Hoffmann, Moser und dem Mäzen Fritz Wärndorfer geleiteten *Wiener Werkstätte* (1903), die als Produktionsgemeinschaft von Handwerk und Kunst eng mit der *Wiener Secession* und der *Kunstgewerbeschule* kooperierte, war Zuckerkandl beteiligt, obwohl sie selbst keine Künstlerin war. Von den Gründungsgeschichten gibt es unterschiedliche Versionen: Wurden die Ideen und Programme im *Griensteidl* ausgeheckt – wo es zwar nichts zu essen gab, dafür aber jede Menge Heurigen – oder, unter Mitwirkung der Gastgeberin, in deren Salon?

Berta Zuckerkandl liebte das Salongespräch, und sie liebte es auch, zu telefonieren: »*Ich bin süchtig. Telefonsüchtig. ... Viele Stunden meines Lebens verbringe und verbrachte ich am Telefon.*« Schon für ihre Pressearbeit stellte diese technische Neuerung die schnellste und direkte Informations- und Kommunikationsmöglichkeit dar; für ihre Tätigkeit als Salonnière gewann sie zentrale Bedeutung. Das Telefon kam ihrem drängenden Bedürfnis nach geistigem Austausch entgegen, und es stärkte die Allianz zwischen Salon und journalistischer Arbeit auf der Schwelle zur Moderne. Berta Zuckerkandl sprach und handelte nicht nur gern, schnell und überzeugend zur richtigen Zeit am richtigen Ort, sondern hatte auch ein besonderes Gedächtnis für Gespräche, und sie machte sich nicht nur Tagebuchnotizen, sondern legte ein eigenes Telefon-Tagebuch an – aus diesem stammt der oben zitierte Anruftext Otto Wagners. In ihren in direkter Rede wiedergegebenen Telefondialogen stecken jede Menge wunderbarer Porträts und Geschichten: Klimt-, Mahler- oder Rodin-Geschichten, welche wiederum, nachdem sie in der Regel sofort im Anschluss an ihre Niederschrift als Stoff für Pressemitteilungen gedient hatten, auch Gespräche *nach* den Gesprächen *über* die Gespräche beflügelten, ja dies bis heute tun: ›War das wirklich so? Alma erzählt dazu aber eine ganz andere Version‹, eine von mindestens fünfen ... gelebte Gesprächskultur auf Wienerisch.

Auch die Schilderungen des Rodin-Besuchs im Jahr 1902 in Wien – mit der Beethovenausstellung der *Wiener Secession* und dem von ihr arrangierten Treffen zwischen Rodin und Klimt – und der Bericht vom Skandal um Klimts Deckengemälde im Festsaal der Wiener Universität 1906 leben von Berta Zuckerkandls ›Gesprächsmitschnitten‹. Inhaltlich ging es immer wieder um die Auseinandersetzung zwischen historistischer Repräsentationskunst im Verbund mit der autoritären Donaumonarchie und einer neuen antiakademischen, mit dem Leben verbundenen Kunst, deren Symbolik und Theorieentwurf mit der Utopie von einer egalitären, freiheitlichen Gesellschaft assoziiert waren. Berta Zuckerkandl liebte das Motto der *Secession* unter der goldenen Kuppel des neuen Ausstel-

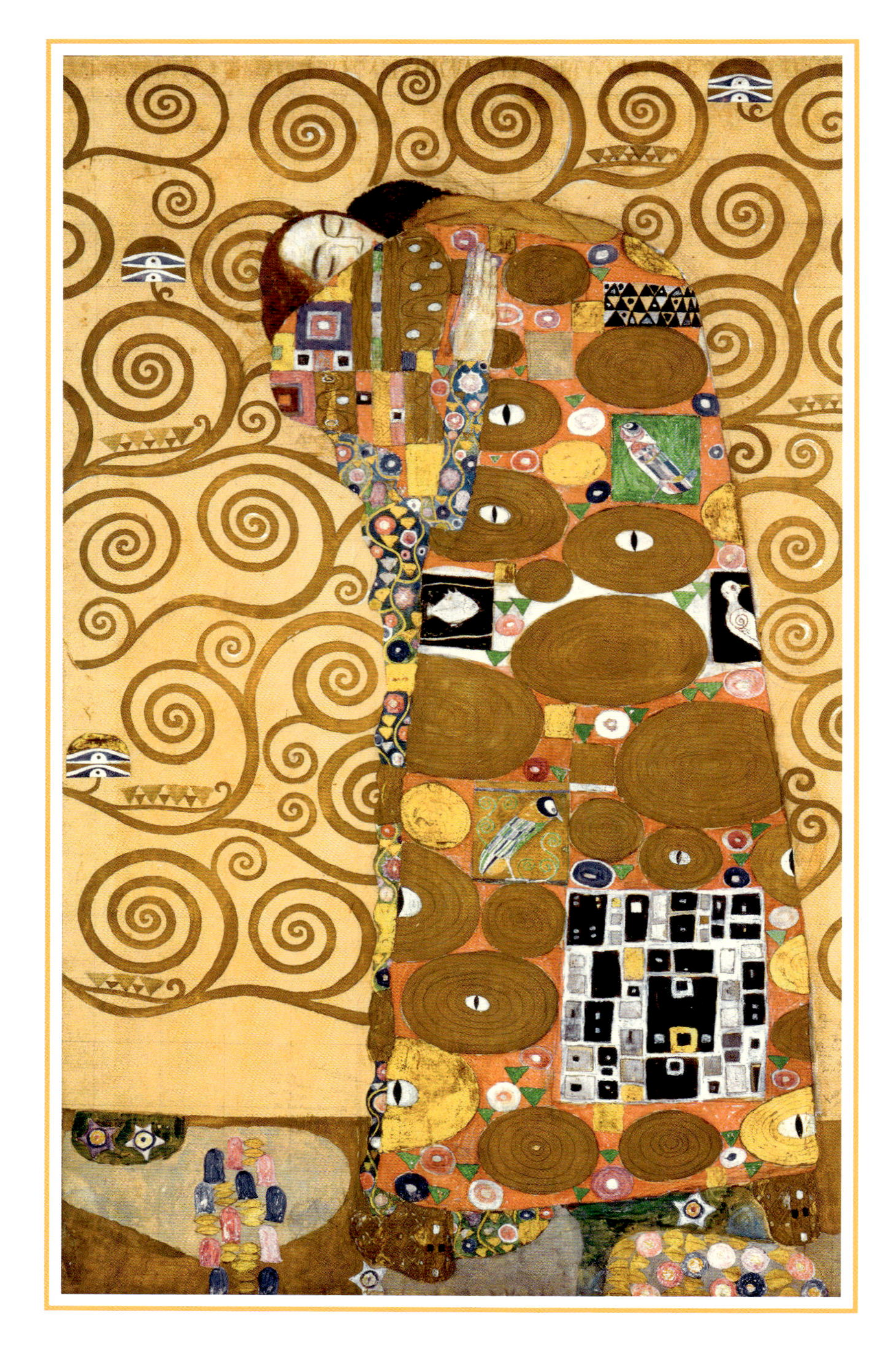

Galionsfigur der revolutionären Kunstbewegung« (Zuckerkandl über Klimt, 1896). Daneben waren auch Musiker wie Richard Strauss, Johann Strauß Sohn, Gustav Mahler Gäste in ihrem Salon, und sie setzte sich für sie ein. Sie ging selbstverständlich davon aus, dass es einem Künstler wie Mahler, der sich in seinen Bühnenkonzepten für die Oper von den Secessionisten inspirieren ließ, grundsätzlich um das Gleiche ging wie den KünstlerInnen und GestalterInnen der *Secession* und der *Wiener Werkstätte* oder PädagogInnen der *Kunstgewerbeschule* wie Franz Cizec, um *»das Ideal des Gesamtkunstwerks, der Einheit von Ton, Wort, Geste, Gestalt, Raum, Licht«* (Zuckerkandl über Mahler, 1897) – man braucht nur noch »Farbe«, »Form« und »Material« zu ergänzen.

Der ernste, fast depressive Augenausdruck, den Berta Zuckerkandl auf Fotografien zeigt, kann zu

lungsgebäudes: *»Der Zeit ihre Kunst, der Kunst ihre Freiheit«*, und sie unterstützte neben Jugendstilkünstlern auch Jugendstilkritiker wie Adolf Loos und Oskar Kokoschka. Am tiefsten fühlte sie sich Gustav Klimt verbunden, sah ihn als einen Ausnahmekünstler, *»der keinen Vorgänger gehabt hat und keinen Nachfolger haben wird. Ein Einmaliger, Einsamer. ... Primitiv und raffiniert, einfach und kompliziert, immer aber beseelt (...).*

falschen Schlüssen führen; ihre ZeitgenossInnen beschreiben ihr Temperament, ihre blitzende Intelligenz, ihren Witz. Helene von Nostitz (1878–1944), die, befreundet mit van de Velde, Rilke und Rodin, Salonnière und Schriftstellerin in Weimar und Berlin war und eine Begabung dafür besaß, künstlerische Atmosphären in Sprache zu fassen und dabei Menschen, Räume und Gegenstände fast wie Gemälde wiederzugeben,

»Die Erfüllung«, von Gustav Klimt, 1905/09, Mischtechnik mit Blattgold auf Papier

hat Berta Zuckerkandl so beschrieben: *»Sie war ganz Farbe und Grazie, neu, das Neue stark empfindend. ... Wie eine exotische Blume wirkte sie in ihrem feinfarbigen Interieur von Hoffmann. Ihr rotes Haar glühte über buntgestickten Stoffen und Batiks, und ihre dunkelbraunen Augen funkelten von innerem Feuer. ... Etwas Freies, Unwirkliches, nie Beschwerendes umgab sie wohltuend. Man war mit ihr immer optimistisch im Glauben an eine Zukunft, es mochte noch so düster aussehen. ... Auch in die Politik brachte sie diese bewegliche Grazie hinein, die eine Erstarrung unmöglich machte.«* Ein Gegner begleitete Berta Zuckerkandls öffentliches Wirken, der mit einem manchmal erstaunlich humorlosen Zynismus schon ihren Vater mit seiner Kritikerfeder aufgespießt hatte und die Feindschaft nun auf die Kinder übertrug: Karl Kraus. Ihm verdankte sie auch die Bezeichnung als »Tante Berta«.

Berta Szeps stammt aus einer begüterten assimilierten jüdischen Familie in Galizien. Ihr Vater, der bekannte Journalist und Zeitungsverleger Moritz Szeps, war Eigentümer und Herausgeber des linksliberalen »Neuen Wiener Tageblatts«, enger politischer Berater des fortschrittlich gesinnten Erbprinzen Rudolf und hatte freundschaftliche Kontakte zu französischen Intellektuellen wie dem radikalen Republikaner und kurzzeitigen Premierminister Léon Gambetta. Berta war das zweitjüngste von fünf Kindern, die alle eine umfassende Bildung erhielten. So wurden für sie und ihre Schwester Sophie Fachlehrer engagiert, die im Haus Vorlesungen hielten. Früh wurde Bertas Interesse an neuen Entwicklungen in Literatur, Kunst und Musik geweckt; politische Diskussion gehörte zum Familienalltag. Bertas Mutter Amalie Schlesinger war eine gebildete Frau und führte bereits einen Salon. Das in der Liechtensteinstraße 51 gelegene Palais Szeps im Alsergrund (9. Bezirk) galt als zentraler Begegnungsort jüdischer Intellektueller und Künstler, an dem Berta schon als Mädchen Persönlichkeiten wie den Komponisten Jacques Offenbach oder den Radikalsozialisten, Zeitungsherausgeber und späteren französischen Premierminister Georges Clemenceau kennenlernte. Berta war von wachem Geist und durchaus nicht brav; aus ihrer Jugendzeit sind allerlei Streiche und charmante Frechheiten überliefert. Sie arbeitete zunächst als Sekretärin ihres verehrten Vaters, trat aber schon bald als selbstständige Journalistin in Erscheinung, schrieb für die »Wiener Allgemeine Zeitung« und das »Neue Wiener Journal« Feuilletons für die Bereiche Theater und Kunst und mischte sich angriffslustig in die aktuellen Kulturdebatten ein.

1883 heiratete Berta Szeps einen Mann, über dessen Namen und viel zu weiten (geliehenen) Anzug sie sich nach dem ersten Kennenlernen lustig gemacht hatte, bevor er ihre große Liebe wurde: den Mediziner Emil Zuckerkandl (1849–1910). Von 1888 an lehrte er als Professor für Anatomie an der Wiener Universität und leitete das Anatomische Institut. Er wurde als Forscher berühmt und war zugleich ein demokratischer Querkopf, der kein Blatt vor den Mund nahm und sich gegen Antisemitismus, für die Moderne Kunst und für die Zulassung von Frauen zum Hochschulstudium einsetzte.

Im Jahr 1888 erwarb Berta Zuckerkandl im Stadtteil Döbling in der Nußwaldgasse eine Villa und eröffnete dort, 24-jährig, ihren eigenen Salon. *»Seit meiner frühesten Jugend war ich gewohnt, Gäste zu empfangen. Ich tat dies in einer oft unkonventionellen Art, aber man kam gerne und oft in unser Traumhaus.«* Zu den Treffen kamen immer rund 200 Personen, aber es gab auch intime Begegnungen, wie mit Gustav Mahler oder Alma Schindler, die einander in ihrem Salon kennen- und lieben lernten. Auch Mediziner aus dem Freundeskreis ihres Mannes gehörten zu ihren Gästen wie der Neuropsychiater Richard Krafft-Ebing und der Psychiater Julius Wagner Jauregg. Den Sommer des Jahres 1900 verbrachte Berta auf dem Landsitz ihrer Schwester Sophie in Frankreich, die inzwischen Paul, den Bruder von Georges Clemenceau, geheiratet hatte. Die Schwestern sahen in Paris die Weltausstellung, lernten die neuesten Entwicklungen in der französischen Malerei kennen, trafen mit Künstlern wie Auguste Rodin oder Maurice Ravel zusammen. In ihrer täglich erscheinenden Kunstkolumne in der »Wiener Allgemeinen Zeitung« und in größeren eigenen Werken wie »Zeitkunst. Wien 1901–1907« (1908) warb sie für den Gedanken eines modernen österreichischen Kunsthandwerks, stellte aber auch künstlerische Aufbrüche in anderen Ländern wie Frankreich, Polen oder Deutschland vor. Unter anderem widmete sie Käthe Kollwitz mehrere Artikel. Wie schon ihr Vater setzte sie sich für humanistische Ziele und die Menschenrechte ein. Sie reiste häufig nach Paris, um die Annäherung von Österreich und Frankreich für ein mögliches Bündnis gegen den deutschen Kaiser voranzutreiben.

Die größte persönliche Katastrophe ihres Lebens war der Tod ihres Mannes im Jahr 1910. Einer der wenigen Besucher, die in der Trauerzeit zu ihr durchdrangen, war Gustav Mahler. Zurückgekehrt ins gesellschaftliche Leben, zog sie ein paar Jahre später in die Innenstadt, in eine geräumige Wohnung im Palais Lieben-Auspitz in der Oppolzergasse 6 am Burgtheater, wo sich im Erdgeschoss bis heute das *Café Landtmann* befindet. Nach dem Beginn des Ersten Weltkrieges leitete sie als inoffizielle Diplomatin eine europäische Kampagne für einen Separatfrieden Österreichs mit den Alliierten (der leider nicht zustande kam), setzte sie sich für die leidenden Juden in Galizien ein, forderte in Wien Toleranz für die Flüchtlinge aus den östlichen Provinzen. Als sie 1922 ihren Salon wiedereröffnete, behielt dieser neben dem künstlerisch-literarischen einen deutlichen politischen Akzent, blieb jedoch, in klassischer Salontradition, ein neutraler Ort; der Sozialist Julius Tandler war dort ebenso anzutreffen wie der konservative Ministerpräsident Ignaz Seipel; nur Rechtsradikale hatten keinen Zugang. Der Schriftsteller Franz Theodor Csokor sprach aus, was viele der Gäste dachten: *»Gott gebe, daß es hier so bleibt, denn hier ist noch Europa.«* Berühmte literarische Gäste waren Hermann Bahr, Arthur Schnitzler, Stefan Zweig, Franz Werfel und Hugo von Hofmannsthal, dessen »Jedermann« hier erstmalig vor Publikum vorgetragen wurde. Berta Zuckerkandl empfing ihre BesucherInnen an den Sonntagnachmittagen in der Bibliothek – womit demonstrativ Geist vor Repräsentation rangierte. Entsprechend bescheiden blieb die Bewirtung: Kaffee oder Tee und belegte Brötchen. Herzstück der Einrichtung und Zentrum des Salongesprächs war der von Hoffmann entworfene Diwan, der wie die gesamte Einrichtung aus der *Wiener Werkstätte* stammte und für zehn Personen Platz bot. Neben ihrer journalistischen Arbeit übersetzte Berta Zuckerkandl Werke französischer Dichter und Dramatiker wie Paul Paul Géraldy, Jacques Bousquet, Jean Anouilh, den sie in Wien bekannt machte, ins Deutsche. Für dieses Werk der Verständi-

Josef Hoffmann, Teeservice, Wiener Werkstätte, 1918–25

gung erhielt sie die höchste Auszeichnung Frankreichs, den Orden der französischen Ehrenlegion.

Nachdem die Nationalsozialisten an die Macht gekommen waren und Österreich sich 1938 »anschloss«, musste die Jüdin Berta Zuckerkandl fliehen. Ihr Dichterfreund Géraldy reiste nach Wien und half ihr bei der Ausreise nach Paris. Hier eröffnete Berta Zuckerkandl, inzwischen 74-jährig, wieder einen Salon, in dem vor allem VertreterInnen der Emigrantenszene wie der Dirigent Bruno Walter, Franz und Alma Mahler-Werfel und Annette Kolb zu Gast waren. 1939 erschien in Stockholm ein Teil ihrer Erinnerungen »Ich erlebte fünfzig Jahre Weltgeschichte«, die auch ins Englische und Französische übersetzt wurden. Als französische Ordensträgerin blieb sie von einer Internierung verschont, floh jedoch vor der deutschen Besetzung Frankreichs im Frühjahr 1940 nach Algier, wo ihr Sohn Fritz sie bereits erwartete. Sie engagierte sich mit Rundfunksendungen gegen die Nazis, in denen sie die Menschen in Österreich zum Widerstand aufrief. Nachdem die Alliierten 1942 Algier erobert hatten, arbeitete sie für einen Alliiertensender weiter. Krank, physisch geschwächt, aber noch voller Energie, schrieb die 80-Jährige im September 1944 an Csokor nach Italien: *»Ich brenne darauf zurückzukehren. ... Ich bin so alt. Aber ich glaube noch immer, daß es Arbeit gibt, die getan werden muß.«* Erst ein Jahr später durfte sie wieder nach Paris zurück. Dort starb sie im Oktober 1945 in einer Klinik und wurde auf dem Friedhof Père Lachaise bestattet. Im Jahr 2009 wurde in Wien Alsergrund (9. Bezirk) der *Berta-Zuckerkandl-Weg* nach ihr benannt; der Ort ihres zweiten Salons, das Wiener Palais Lieben-Auspitz, erhielt eine Gedenktafel.

Literatur: Berta Zuckerkandl: Österreich intim. Erinnerungen 1892–1942. Hrsg. v. Reinhard Federmann. Wien 2013 | Helene von Nostitz: Aus dem alten Europa. Reinbek 1964 | Lucian O. Meysels: In meinem Salon ist Österreich. Berta Zuckerkandl und ihre Zeit. Wien 1984 | Jutta Dick, Marina Sassenberg (Hrsg.): Jüdische Frauen im 19. und 20. Jahrhundert. Lexikon zu Leben und Werk. Reinbek 1993 | Annette Oertel: Der literarische Salon der Berta Zuckerkandl. München/Ravensburg 2000 | Michael Schulte: Berta Zuckerkandl. Salonière, Journalistin, Geheimdiplomatin. Hamburg 2006 | Jüdisches Wien. Mit einem Vorwort v. Robert Schindel. Wien 2004 | Claudia Lanfranconi: Legendäre Gastgeberinnen und ihre Feste. München 2012

MARIANNE
VON WEREFKIN

1860–1938

»Die Kunst, das sind Funken, die durch die Reibung des Individuums mit dem Leben entstehen, wie bei zwei elektrischen Drähten ... Sie entsteht durch den Schock, den empfangenen Eindruck.«

Marianne von Werefkin in »Briefe an einen Unbekannten«, 1903

In ihrer Heimat wurde Marianne von Werefkin »der russische Rembrandt« genannt und auch häufig mit dem spanischen Barockmaler Velázquez verglichen. Sie war in Russland bereits als Malerin berühmt, bevor sie im Alter von 35 Jahren nach Deutschland ging, um dort eine der bedeutendsten Wegbereiterinnen der modernen Malerei zu werden. 1897 eröffnete sie in München den *Rosafarbenen Salon* und schuf damit nicht nur einen Gesprächsraum und ein Laboratorium für neue Entwicklungen in der Kunst, sondern gründete dort auch eine Künstlergemeinschaft, aus welcher der *Blaue Reiter* hervorging. Ihr Salongast Gustav Pauli, seit 1905 Direktor der Bremer Kunsthalle, in der er auch Bilder der damals unbekannten Paula Modersohn-Becker zeigte, hat Salon und Gastgeberin 1936 rückblickend beschrieben: *»Um ihren Teetisch sammelte sich täglich das Grüpplein*

Marianne von Werefkin, Fotografie aus dem Jahr 1927

»*Selbstbildnis in Matrosenbluse*«, *Gemälde von Marianne von Werefkin, 1893*

der Getreuen, meist russische Künstler ... und ihre Münchner Freunde, eine ziemlich bunte Gesellschaft, in der sich die Bayrische Aristokratie mit dem fahrenden Volk der internationalen Bohème begegnete. ... Nie wieder habe ich eine Gesellschaft kennengelernt, die mit solchen Spannungen geladen war. Das Zentrum, gewissermaßen die Sendestelle der fast physisch spürbaren Kräftewellen, war die Baronin. Die zierlich gebaute Frau mit den großen dunklen Augen (...) beherrschte nicht nur die Unterhaltung, sondern ihre ganze Umgebung.« Vor allem in ihren kunsttheoretischen Einsichten, aber auch mit einigen Gemälden eilte Marianne von Werefkin zu Beginn des 20. Jahrhunderts ihrer Zeit um Jahre voraus und gab Malern wie Kandinsky, Jawlensky und Marc entscheidende Anregungen für ihre künstlerische Entwicklung. Dennoch geriet sie nach dem Zweiten Weltkrieg in Vergessenheit. Dem Kunsthistoriker Bernd Fäthke und seinen Forschungen zu Marianne von Werefkin ist es maßgeblich zu verdanken, dass ihr seit den 1980er Jahren nach und nach die Anerkennung zuteilwird, die ihr längst gebührt. Zu den wichtigsten Quellen gehören ihre Tagebücher, insbesondere die »Lettres à un Inconnu« – Briefe an einen Unbekannten (1901–1905) –, die sie selbst der Nachwelt überliefert wissen wollte.

Marianna Waldimirowna Werefkin stammt aus einer begüterten, hochgebildeten Adelsfamilie, die dem Zarenhof nahestand; ihre Großmutter Anna Daragan war Erzieherin der Zarenkinder, ihr Onkel Iwan Goremykin Innen- und Premierminister. Zu ihren Eltern, dem General Wladimir Werefkin und der Ikonen- und Porträtmalerin Elisabeth Werefkin, geb. Daragan, sowie ihren zwei jüngeren Brüdern Peter und Wsewolod bestand eine liebevolle Beziehung. Elisabeth Werefkin hatte Europa bereist und in Italien Kunststudien betrieben. Bei der Großmutter erlernte Marianne mehrere Sprachen; die häusliche Bibliothek lieferte den Fundus für ihre späteren literarischen und philosophischen Kenntnisse. In Abhängigkeit vom Aufgabenbereich des Vaters wohnte die Familie abwechselnd im litauischen Wilna, wo Marianne das *Marien-Institut* besuchte, und im polnischen Lublin, wo sie mit 14 Jahren den ersten Zeichenunterricht erhielt. Von 1879 an wurde das Landgut Blagodat in Litauen zum Lebensmittelpunkt. Hier ließ Vater Werefkin für seine Tochter ein Gartenatelier errichten, das wie die übrigen Gebäude im traditionellen russischen Stil gestaltet war. Er hegte für die heimische Volkskunst eine ausgeprägte Leidenschaft, die sich auch im Werk seiner Tochter widerspiegelt. Ab 1883 studierte sie an der Moskauer *Schule für Malerei, Bildhauerei und Architektur* und beherrschte bald, orientiert am Stil ihres Lehrers Prjanischikow und der *Peredwishniki*, der antifeudalistisch und sozialkritisch ausgerichteten russischen »Wandermaler«, souverän die Mittel der realistischen Malerei. Inzwischen war aus ihr eine anerkannte Künstlerin und temperamentvolle, lebenslustige junge Frau geworden die, obschon von Verehrern umschwärmt, eher zu Jun-

»Herbst (Schule)«, Gemälde von Marianne von Werefkin, 1907

genstreichen als zu ernsthaften Heiratsplänen neigte. Nachdem 1885 ihre Mutter gestorben und ihr Vater Kommandant der Peter-und-Paul-Festung geworden war, ging sie 1886 mit nach Petersburg. Da Frauen an der dortigen Akademie nicht studieren durften, gewann sie den berühmtesten Maler Russlands und zugleich wichtigsten Vertreter des Realismus, Ilja Repin, erst als ihren Privatlehrer, dann als Liebhaber und lebenslang zum Freund. 1888 schoss Marianne von Werefkin sich bei einem unglücklichen Jagdunfall durch die rechte Hand. Nach der Genesung trainierte sie eisern, bis sie mit den verkrüppelten Fingern ihr Werkzeug halten und wieder malen konnte. Im Frühjahr 1892 stellte Repin ihr einen jungen Leutnant vor, der in Petersburg Kunst studierte: Alexej Jawlensky. Sie erkannte schnell seine besondere Begabung als Maler, aber auch, dass er bedenkenlos nach jedem Rock griff. Als er auch ihr derartig zu nahe kam, dass dies für sie eine Entehrung darstellte, sah sie sich gezwungen, ihn nicht nur in der Malerei zu unterrichten, sondern auch mit ihm zu leben: *»Ich werde aus ihm einen großen Künstler machen und mit Ruhm und Liebe meine Schmach bedecken.«* Sie heiratete ihn aber nicht, da sie die großzügige Rente, welche ihr Vater ihr ausgesetzt hatte, nur so lange bekam, wie sie unverehelicht blieb.

In ihrer Kunst befand Marianne von Werefkin sich Anfang der 1890er Jahre in einer Krise. Sie war dem Realismus entwachsen, spürte den unbedingten *»Drang«*, Neues zu schaffen, fand jedoch noch keinen Ausdruck dafür. Einige der Gedanken, die sie im März 1895 dazu notierte, können heute als Beleg dienen für die tief internalisierte Frauenverachtung jener Zeit. *»Ich bin Frau, bin bar jeder Schöpfung, ich kann alles verstehen und nichts schaffen. (...) mir fehlen die Worte, um mein Ideal auszudrücken. Ich suche (...) den Mann, der diesem Ideal Gestalt geben würde.«* Da Neues nur von einem Mann erschaffen werden könne, müsse Jawlensky nun für sie die neue Kunst zur Welt bringen. *»Drei Jahre vergingen in unermüdlicher Pflege seines Verstandes und seines Herzens. Alles, alles, was er von mir erhielt, gab ich vor zu nehmen – alles, was ich in ihn hineinlegte, gab ich vor als Geschenk zu empfangen«* (14. Mai 1895). Sie machte sich klein, verbarg vor ihm ihre Bedeutung als Malerin, doch am Ende fiel die egoistische Seite ihres altruistischen Unternehmens auf sie zurück: Ihr ›Geschöpf‹ bestand nämlich nur zur Hälfte aus einem hoffnungsvollen Künstler; die andere Hälfte war ein emotional und intellektuell äußerst schwerfälliger Mann. Von Wohltaten und Zuwendung machte er Gebrauch, ohne dabei selbst geben zu können, und reagierte »larmoyant und sentimental ichbezogen (...), wenn sich Schwierigkeiten einstellten« (Fäthke). Sie hingegen war in einer Atmosphäre sozialer Empathie und Großzügigkeit aufgewachsen, hatte kaum gelernt, sich zu schützen, und kannte bis dahin niemanden, der ihre Stärke als Künstlerin und Frau nicht ertrug, sie ausnutzte und verletzte. Jawlensky tat dies unter anderem, indem er mit ihrer Zofe schlief, die ihm Modell gesessen hatte. Als Nächstes vergriff er sich an deren neunjähriger Gehilfin Helene Nesnakomoff.

Fast trotzig blieb Marianne von Werefkin dennoch mit Jawlensky zusammen. Nach dem Tod ihres Vaters und einer längeren Reise durch Westeuropa ließ sie sich 1896 mit ihm und Helene als Dienstmädchen in München nieder. Sie mietete in Schwabing in der Giselastraße 23 eine geräumige Doppelwohnung mit Platz für zwei Ateliers und stattete die Räume mit kostbarem Interieur aus; sie wollte die Kontakte ihrer

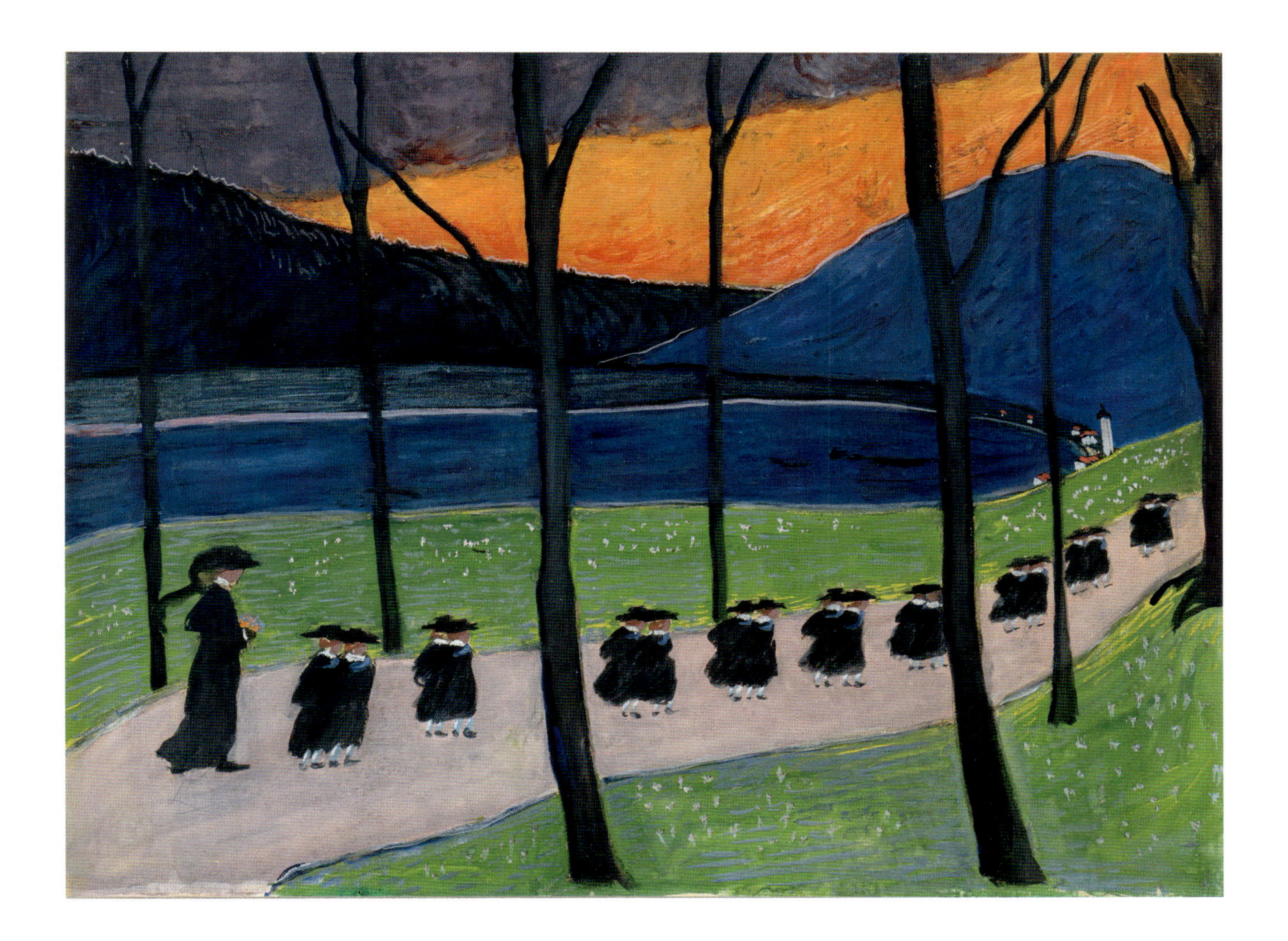

Familie zu höchsten russischen Diplomatenkreisen und zur bayrischen Aristokratie für Jawlensky nutzen. Mit der Gründung ihres *Rosafarbenen Salons* wurde sie zu einer tonangebenden Persönlichkeit der Münchner Boheme. Dabei diente ihr Salon auch als Treffpunkt von KünstlerInnen, die zwischen Moskau und Paris hin und her pendelten. Der russische Maler Bechtejeff erinnert sich: »*Marianne Wladimirowna war eine außerordentliche Frau, die über eine innere Welt verfügte, fern des alltäglichen und der gesellschaftlichen Konventionen … in ihrem rosafarbenen Salon … empfing sie fast alle Berühmtheiten, die auf der Durchreise waren. Es war dort, wo ich Pawlowna, Nijinsky, Diaghilew und selbst Eleonore Duse traf.*« Für ihr ›Förderprojekt Jawlensky‹ gab Marianne von Werefkin zehn Jahre lang das Malen auf. Aber da sie eine ebenso leidenschaftliche Denkerin wie Malerin war und über eine grandiose künstlerische Imaginationskraft verfügte, entwickelte sie sich auch, ohne ihre Pinsel zu gebrauchen und während sie ihre Gaben ständig in Jawlensky investierte, weiter. Ab und an wurde sie von massiven Zweifeln erfasst: »*Ist nicht alles Lüge zwischen uns (…)?*«, und sie stellte sich die bange Frage: »*Ist es möglich, daß in mir ein echter Künstler war, und ich an ihm vorbeischaute?*« Ihr Verhältnis zu Jawlensky war schwieriger denn je, seit Helene 1902 von ihm ein Kind, den Sohn Andreas, bekommen hatte.

Im Herbst 1905 reiste Marianne von Werefkin nach Frankreich und studierte dort fast ein Jahr lang Landschaften, Lichtverhältnisse und Maltechniken, traf Künstler, sah eine aufregende Ausstellung der *Fauves*. Die Fülle der Eindrücke und Erkenntnisse ließ sie 1906 zur Pastellkreide, 1907 wieder zu ihren Temperafarben greifen. In rascher Folge schuf sie Gemälde wie »Herbst« oder »Der Ballsaal« (1908), in denen sie, Jahre vor ihren Kollegen, Impulse der neueren franzö-

sischen Kunst: von van Gogh, Gauguin, Toulouse-Lautrec und auch von Munch verarbeitete. Die Jahre von 1910 bis 1913 entwickelten sich dann für sie zum Höhepunkt ihres Schaffens mit expressionistischen Werken wie »Der rote Baum« (1910) und ihrem verwegenen Selbstbildnis (1910) mit den roten Augen. Längst ging es ihr nicht mehr um das äußerlich Sichtbare, sondern um den Ausdruck der inneren Wahrheit, *»nicht um Realismus, sondern um Aufrichtigkeit«*. Schon 1903, nach ihrer ersten großen Frankreichreise, hatte sie Thesen aufgestellt, die die Programmatik des *Blauen Reiters* vorwegnahmen, wie *»... die künstlerische Schöpfung ist ein Gedanke mittels der Form«*. Während des Aufenthaltes in Murnau mit Jawlensky, Münter und Kandinsky 1908 formulierte sie zentrale Erkenntnisse für die moderne Malerei, die Kandinsky später als Grundlage für seine Schrift »Das Geistige in der Kunst« (1910/11) dienten; Werefkin erwähnt er darin mit keinem Wort. Zu ihren Einsichten gehörten die der Unterordnung der Linie unter die Fläche, der Bedeutung des Lichts als Funktion der Farbe (nicht als Beleuchtung der Gegenstände) und der Autonomie der Farbe: *»Die Farbe entscheidet über die Form«*, sie *»(...) löst die bestehende Form auf«* (1903). Hinzu kam das Experiment der Beziehungen zwischen Farben und Tönen mit der Bedeutung der *Dissonanzen* aus der Zwölftonmusik für die Malerei.

1897 hatte Werefkin in ihrem Salon die Gruppe der *Lukasbruderschaft* gegründet, so benannt nach dem um 1805 in Rom von den Nazarenern gegründeten *Lukasbund*. Neben Jawlensky und einigen seiner russischen Malerfreunde gehörte der slowenischen Maler Anton Azbé mit dazu. 1908 gründete sie, ebenfalls in ihrem Salon, mit Jawlensky und Erbslöh den Ausstellungsverein *Neue Künstlervereinigung München*, zu der von 1909 an außer Kandinsky, Münter und Marc unter anderem auch Hofer, Kubin und Erma Bossi (1875–1952), eine expressionistische Malerin aus Kroatien, gehörten. Nach einer gut vorbereiteten Intrige verließ Kandinsky, der sich schon auf die abstrakte Malerei zubewegte, gemeinsam mit Münter und Marc und unterstützt von Macke, die Künstlervereinigung, um Ende 1911 mit der heimlich vorbereiteten Ausstellung der als Redaktion gegründeten Gruppe *Der Blaue Reiter* hervorzutreten. Das gezielt ausgebootete Duo Werefkin und Jawlensky gehörte schnell mit zur neuen Gruppe und gestaltete auch maßgeblich deren Ausstellungen, zum Beispiel 1912 in der Berliner *Sturm*-Galerie mit. 1913 war Else Lasker-Schüler bei Marianne von Werefkin in München zu Gast. Die Dichterin verlieh der Malerin, wissend um deren tatsächliche Führungsrolle, den Titel *»des blauen Reiterreiterin«*.

1913 wollte Werefkin sich von Jawlensky trennen, doch nach dem Ausbruch des Ersten Weltkriegs im August 1914 emigrierte sie mit ihm in aller Eile in die Schweiz. Als Folge des Krieges und der Russischen Revolution verlor sie ihre gesamte Rente und zog 1918 nach Ascona, wo rund um den Monte Veritá schon vor dem Krieg eine lebhafte Kunstszene existiert hatte. Während Jawlensky noch über den Verlust des bequemen Lebens jammerte, lebte sie bereits die neue

Marianne von Werefkin und ihre Nichten in Ascona, um 1937

Armut. 1921 kam es zwischen ihnen zum endgültigen Bruch. Er zog nach Wiesbaden und heiratete dort Helene, sie fühlte sich befreit und verdiente von nun an ihren Unterhalt für sich; dazu wurde sie von FreundInnen unterstützt. Weiter ungebrochen schöpferisch tätig, teilte sie die schlichte Lebensweise der Tessiner Landbevölkerung, so als habe sie schon immer dazugehört. In ihrem Werk standen jetzt soziale Motive, eingebettet in oft düster gefasste Landschaften, im Vordergrund. 1920 wurden Gemälde von ihr auf der Biennale in Venedig gezeigt, 1923 auf der ersten Ausstellung des Bauhauses in Weimar, 1924 gründete sie mit sechs weiteren Malern die Künstlergruppe *Der Große Bär*. In ihren Briefen zeigt die russische Baronin, die die Einheimischen liebevoll »La nonna« – die Großmutter – nannten, ihr neues Selbstbewusstsein als Frau: *»Ich kenne den Wert meines Werkes und verlange Achtung für mein Künstlertum ... nur, weil ich eine Frau bin, erlaubt sich jeder, der es mag, mich und meine Kunst klein zu machen. Da werde ich wild und wehre mich ohne jede Rücksicht.«* (An Hagmann, 1934). Wiederholt verkaufte sie ihre Arbeiten, um Menschen aus der Not zu helfen; rund 500 ihrer Bilder verschenkte sie. Am 6. Februar 1938 starb die seit Jahren schon schwer herzkranke Künstlerin in Ascona und wurde mit russisch-orthodoxem Zeremoniell bestattet. Der größte Teil ihres Nachlasses wurde 1939 in eine Stiftung, die *Fondazione Marianne Werefkin*, überführt und findet sich heute in dem 1922 von ihr mitbegründeten *Museo Comunale d'Arte Moderna* in Ascona. Eine Auswahl ihrer Werke ist dort in einer Dauerausstellung zu sehen. Bis zuletzt hatte sie ihre Kunst gegen Vereinnahmung und Kommerz verteidigt. So schrieb sie im Oktober 1932, als sie nur noch einen einzigen Franken auf dem Konto hatte, unvermindert stolz in einem Brief: *»Ich bin Marianne v. Werefkin, so wie Picasso Picasso ist. ... (...) ich werde eher eine Putzfrau, als daß ich an dem Kunst-Börsen-Unfug teilnehme. ... Wer nicht durch meine Bilder in eine andere Art des Fühlens und Denkens gebracht wird, für den sind sie tot und er braucht mich nicht. ... Ich will meine Bilder nur in liebenden, mich liebenden Händen wissen.«*

Marianne spielte mit den Farben Rußlands Malen:
Grün, Hellgrau, Rosa, Weiß,
Und namentlich der Kobaltblau
Sind ihre treuen Spielgefährten.

Marianne von Werefkin –
Ich nannte sie den adligen Straßenjungen.
Schelm der Russenstadt, im weiten Umkreis
Jeden Strich gepachtet.

Ihren Vater, der Verweser Alexanders,
Trägt sie im Medaillon um ihren Hals.
Marianne malte ihn, achtjährig war sie erst:
Hier fiel vom Himmel eine Meisterin.

Else Lasker-Schüler, aus: »Marianne von Werefkin«, 1922

Literatur: Bernd Fäthke: Marianne Werefkin und ihr Einfluss auf den Blauen Reiter. In: Marianne Werefkin. Gemälde und Skizzen. Ausstellungskatalog. Wiesbaden 1980 | Ders.: Die Wiedergeburt der »Blauen Reiter-Reiterin« in Berlin. Von der Diskriminierung der Frau in der Kunst am Beispiel Marianne Werefkin. In: Profession ohne Tradition, 125 Jahre Verein der Berliner Künstlerinnen. Berlin 1992 | Ders.: Marianne Werefkin. München 2001 | Brigitte Salmen: Marianne von Werefkin. Leben für die Kunst. München 2012 | Gedicht von Else Lasker-Schüler (Auszug), aus: Else Lasker-Schüler: Sämtliche Gedichte. Hrsg. v. Friedhelm Kemp. München 1977

GERTRUDE
STEIN

1874–1946

»Alles ist etwas. Zu nichts kommen ist etwas. Lieben ist etwas. Zu etwas kommen müssen ist etwas. Nicht zu etwas kommen müssen ist etwas. Lieben ist etwas. Alles ist etwas.«

Gertrude Stein, »A Long Gay Book«, o. J.

Gertrude Stein, Fotografie des Bachrach Studios, um 1903

Zu der Zeit, als Paris noch nicht die Hauptstadt der schreibenden Avantgarde der amerikanischen *Lost Generation* war, sehr wohl aber die der Malerei der frühen Moderne, lebten Gertrude Stein und ihr Bruder Leo bereits in der Stadt und teilten sich ab 1903 eine Wohnung in der rue de Fleurus Nr. 27, die sich in der Nähe des Jardin du Luxembourg befand. Leo versuchte sich als Maler, Gertrude als Autorin, und beide sammelten Gemälde, aus purer Leidenschaft für neue europäische Kunst. An das Haus, in dem sich ihre Wohnung befand, war im Innenhof ein Pavillon angefügt, den Leo tagsüber als Maleratelier und Gertrude nachts als Schreibstudio nutzte. Hier stellten sie die verrückten Bilder

Wohnung und Ausstellungsraum in der rue de Fleurus Nr. 27, 1934

aus, und bald kamen immer mehr Interessierte, um sie sich anzusehen. Nun einigten sich die Geschwister darauf, regelmäßig an den Samstagabenden zu sich einzuladen; der Stein'sche Salon entstand. Einzige Bedingung für die Gäste: Sie mussten eine Empfehlung mitbringen. Der Raum war einfach und mit einem Ofen ausgestattet, der Sockel der über vier Meter hohen Wände war mit ockerfarbener Lehmfarbe gestrichen, Wandflächen und Decken weiß gekalkt. Im Laufe der Jahre wurde ein schmutziges Hellgrau daraus; ab und an regnete es durch. Gertrude und Leo waren davon überzeugt, dass die großartigen Bilder in dem schlichten Ambiente umso stärker zur Geltung kamen. Sie hängten sie ständig um, wollten ihre Neuerwerbungen optimal zur Geltung bringen. Da es bis 1914 noch kein elektrisches Licht gab, wurde der Raum abends von Gasleuchten erhellt. Gastgeberin und Gäste saßen auf imposanten, aber unbequem hohen, in Florenz gefertigten Renaissancestühlen um einen langen schweren Tisch.

Alles hatte damit angefangen, dass Leo und Gertrude von ihrem großen Bruder Michael Stein eine stattliche Summe aus ihrem Erbe ausbezahlt bekamen und damit beim Galeristen Vollard preisgünstig einkaufen gingen. Sie begeisterten sich vor allem für die Werke von Malern, die vom Publikum weitgehend abgelehnt wurden oder die niemand kannte. Und so erstanden sie »Sonnenblumen auf einem Armstuhl« und »Drei Mädchen aus Tahiti vor gelbem Hintergrund« von Gauguin, »Die Badenden« von Cézanne, dazu zwei Renoirs. Bald kam das »Portrait Madame Cézanne« hinzu, Delacroix' »Perseus und Andromeda«, Matisse' »Frau mit Hut« und »Junges Mädchen mit Blumenkorb« von einem jungen, unbekannten Maler namens Picasso. 1906, im Todesjahr von Cézanne, kauften sie Werke von Daumier, Toulouse-Lautrec, Bonnard und weitere Arbeiten von Picasso. Parallel dazu sammelte auch das Paar Sarah und Michael Stein, das zu dieser Zeit ebenfalls in Paris lebte, und erwarb eine größere Anzahl von Matisse-Gemälden. Als Alice B. Toklas (1877–1967), nachdem sie Gertrude 1907 zum ersten Mal begegnet war, im Jahr 1909 bei ihr einzog, um für die nächsten 39 Jahre ihre Chefsekretärin, Chefköchin, Cheflektorin, Herausgeberin und Lebensgefährtin zu sein (ursprünglich wollte sie Konzertpianistin werden), waren die Wände des Ateliers in der rue de Fleurus 27 schon vollgehängt mit Bildern, deren Wert später so unvorstellbare Höhen erreichte: *»(...) alle Bilder hatten ihre Geschichte (...). ... und weil die Bilder zu jener Zeit keinen Wert hatten und es auch in gesellschaftlicher Hinsicht keinen*

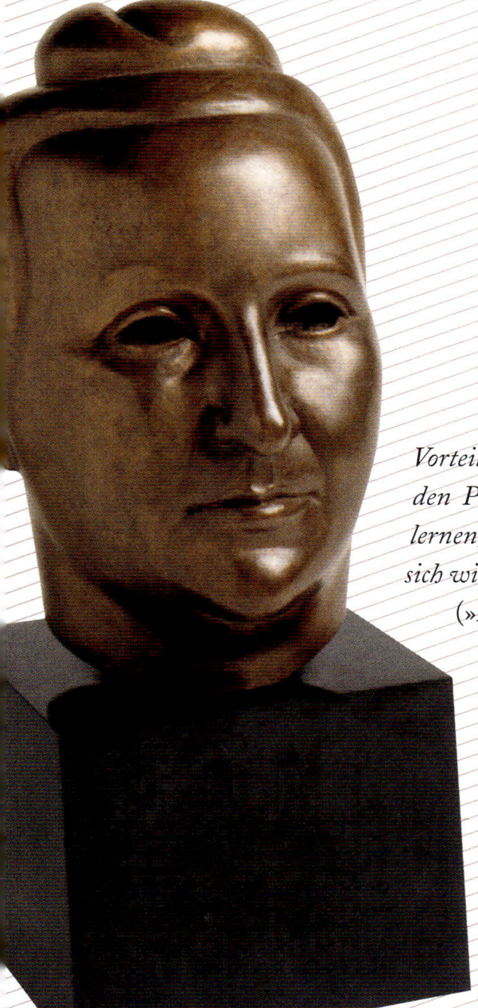

Jacques Lipchitz, »Gertrude Stein«, Bronze, 1920

Vorteil brachte, eine der anwesenden Persönlichkeiten kennenzulernen, so kamen bloß die her die sich wirklich dafür interessierten.« (»Autobiographie«).

Der Salon erfreute sich einer vielfältigen Gästemischung. Der erste Kreis setzte sich vor allem aus den KünstlerInnen zusammen, deren Werke dort ausgestellt waren, darunter Rousseau, Braque, der junge Marcel Duchamp. Matisse und Picasso begründeten im Stein'schen Salon ihre Freundschaft. Bald kamen internationale KunstsammlerInnen und Kunstkritiker wie Clive Bell und Roger Fry aus der Bloomsbury-Group dazu. Auch Musiker fühlten sich angezogen: Eric Satie, dessen minimalistische Kompositionen mit Gertrudes Ideen sprachlicher Vereinfachung korrespondierten, Virgil Thomson, zu dessen Opern sie später Libretti schrieb. 1913 erschien der Fotograf Carl Van Vechten, der Gertrudes vertrauter Freund und späterer Nachlassverwalter wurde. Der zweite Gästekreis, der sich mit dem ersten teilweise überschnitt, setzte sich aus der Szene avantgardistischer KünstlerInnen und Freundinnen zusammen, die sich seit Beginn des neuen Jahrhunderts am linken Seineufer, der *Rive Gauche* (*Left Bank*) niederließen, und war weitgehend mit dem identisch, der sich ab 1909 im Salon von Natalie Clifford Barney traf. Die Malerin Marie Laurencin (1883–1956), die ihren Liebhaber, den Dichter Apollinaire, mitbrachte und von der Gertrude 1908 das erste Bild der Serie »Apollinaire et ses amis« kaufte, gehörte zu beiden Kreisen.

Um die KünstlerInnen während der Salonabende bei Laune zu halten, wandte Gertrude einen Trick an, ein Salongeheimnis, das sie in der »Autobiographie« verrät: *»Du weißt ja wie Maler sind, und ich wollte sie glücklich machen und setzte jeden seinem eigenen Bild gegenüber, und sie waren glücklich, oh, so glücklich, daß wir zweimal Brot nachbestellen mußten, (...).«* Auch Picasso saß unter seinen Werken. Gertrude hatte ihn entdeckt, wurde seine Mäzenin, sie freundeten sich miteinander an. 1906 vollendete er, nach 80 bis 90 Sitzungen, das Porträt von ihr, auf dem er in frühkubistischer Manier ihre matriarchale Stärke ins Bild bannte. Es gefiel ihr, auch wenn es ihr äußerlich nur bedingt ähnlich sah. Sie war gerade dabei, sich inmitten der Pariser Alternativszene einen eigenen Mythos zu schaffen, in dem sie das Klischee einer exzentrischen, von Liebesdramen und Schaffenskrisen getriebenen Künstlerin durch bewusste Formen von Solidität, Normalität und Bürgerlichkeit ersetzte: ihre massige Gestalt in den dicken Tweedkostümen, die Sandalen, die sie auch im Winter trug, die kleinen sportlichen Hüte, später die ganz kurz geschnittenen Haare. Zu Gertrude Steins Präsenz in der Welt – leiblich und geistig ohne Korsett – gehörte das Bild der ›Ehe‹ mit Alice B. Toklas: Alice, dunkel und scharfäugig im Hintergrund, Tee für die Gäste kochend, Petits Fours reichend, plaudernd mit den Frauen der Genies, und Gertrude, die klassische Männerrolle genießend, sich mit Picasso über die Frage des Genies unterhaltend. Beide Frauen waren einander ebenbürtig und nichts weniger als konventionell.

Die als Jüngste von fünf Geschwistern 1876 in einem Vorort von Pittsburgh/Pennsylvania geborene Gertrude Stein wuchs in einer wohlhabenden liberalen deutsch-jüdischen Familie auf. Ihren dritten Geburtstag verbrachte »Gerti« in Wien, ihren fünften in Paris und ihren sechsten in Kalifornien; die drei Sprachen lernte sie spielend. Ihrer Mutter Amely fühlte sie sich fern, ihren Vater Daniel konnte sie nicht leiden; dafür ließ sie sich umso mehr von den Geschwistern verwöhnen. Nach außen plapperte sie munter und viel, doch eigentlich lebte sie in ihrer eigenen inneren Welt, und da fühlte sie sich oft allein. Nach dem frühen Tod der Eltern wurde der älteste Bruder, Michael, das Oberhaupt der Familie. Er verwaltete geschickt das elterliche Vermögen und zahlte den Geschwistern einen üppigen Unterhalt; im Übrigen konnten sie tun und lassen, was sie wollten.

1893 schrieb Gertrude sich am Ratcliff College in Havard ein, hörte Philosophie, Psychologie und »Englisch composition«. Ihr wichtigster Lehrer wurde William James, der das Phänomen des »stream of consciousness« (Bewusstseinsstrom) beschrieb, das Gertrud zum Schreiben inspirierte und das wenige Jahre später als literarisches Verfahren Schule machte. 1897 verlegte sie ihr Studium zu ihrem Lieblingsbruder Leo nach Baltimore, wo sie erstmalig zu salonähnlichen Treffen einlud. Ihr neues Medizinstudium ödete sie bald an. Nachdem sie durch mehrere Prüfungen gefallen war, brach sie es ab und reiste mit Leo durch die Weltgeschichte, anschließend probierte sie eine Frauenbeziehung aus. Als daraus ein Drama zu werden drohte, floh sie zu Leo nach Florenz, wo dieser inzwischen Kunstgeschichte und Ästhetik studierte. Im Herbst 1902 gingen beide nach London. Ende 1902 ließ Leo sich dann in Paris nieder. 1903 zog Gertrude hinterher.

Die Steins hatten als MäzenInnen und KunstförderInnen zwar selten den gleichen Geschmack, doch besaßen sie einen untrüglichen Blick für zukunftsweisende Entwicklungen und Persönlichkeiten in der Kunst. Die Gemäldesammlung, die sie von 1904 an zusammentrugen, wohl um die 200 Werke, entwickelte sich zu einem einzigartigen Privatmuseum für die Kunst der frühen Moderne, womöglich das erste seiner Art in Europa überhaupt. Der Salon wurde zum zentralen Pariser Treffpunkt, ja zum Knotenpunkt eines internationalen KünstlerInnen-Netzwerks. Nach der legendären *Armory Show* 1913, in der in den USA erstmals Kunstwerke der europäischen Avantgarde zu sehen waren (u. a. von Marianne von Werefkin und Marie Laurencin), drängten sich viele neue Gäste in der rue de Fleurus. Gertrude, die Amerikanerin aus Paris, hatte die Ausstellung in New York selbst besucht; nun wurde sie zur großen Vermittlerin der europäischen Moderne. Sie selbst schuf eine Reihe experimenteller literarischer Künstlerporträts und repräsentierte ihre Epoche zugleich auch im Spiegel der Porträts, die andere von ihr anfertigten: Außer von Picasso wurde sie unter anderem von Felix Vallotton (1907) und Francis Picabia (1933) gemalt, Jacques Lipchitz goss sie als sitzenden Buddha in Bronze (1921) und meißelte sie als »Soldatin im Wörterkrieg« in Stein (1938), von Alvin Langdon Coburn, Man Ray und vielen anderen ließ sich fotografieren. Andy Warhol schuf 1980 ein Pop-Art-Porträt von ihr.

Seitdem Alice mit in der rue des Fleurus 27 lebte, war das Einvernehmen zwischen Gertrude und Leo gestört. 1913 entzweiten sich die Geschwister end-

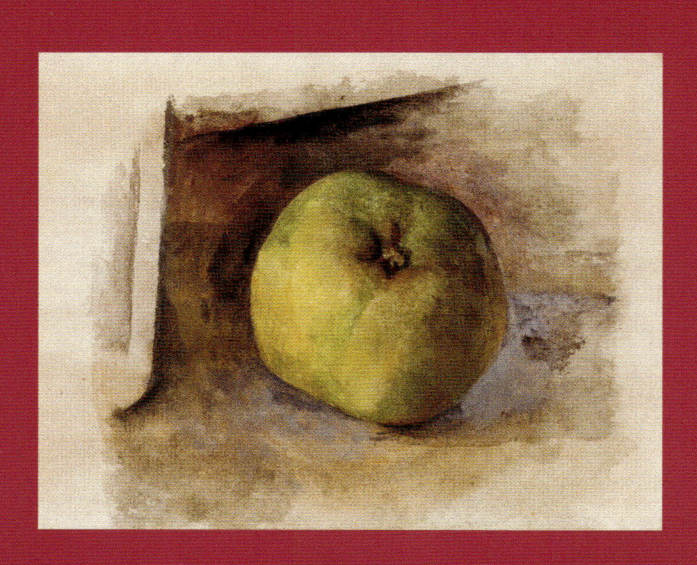

gültig. 1914 zog Leo in die Nähe von Florenz, die Gemäldesammlung wurde geteilt; Gertrud behielt alle Picassos und die Hälfte der Cézannes. Nur um ein ganz kleines Gemälde stritten sie erbittert: Cézannes Stillleben »Fünf Äpfel«; beide wussten, dass in den unscheinbaren Früchten das Geheimnis der modernen Malerei verborgen lag. Am Ende gab Gertrude nach. Zum Trost schenkte Picasso ihr und Alice zu Weihnachten 1914 einen Apfel a la Cézanne – eine doppelte Hommage. Mit dem Aufkommen des analytischen Kubismus 1909 hatte Gertrude Werke gekauft, die Leo nicht gefielen, darunter auch Picassos »Tisch des Architekten«. Als 1914 der synthetische Kubismus anfing, erwarb sie begeistert mehrere Stillleben eines weiteren Spaniers: Juan Gris. Mit Gris entwickelte sich eine enge Freundschaft und Zusammenarbeit. Er widmete Gertrude sein Gemälde »Rosen« (1914) und schuf Lithografien zu ihrem erotischen Text »A Book Concluding With As a Wife has a Cow: A Love-Story« (1926).

Gertrude Stein revolutionierte die Literatur, indem sie Ideen und Techniken der zeitgenössischen Kunst auf Verfahren im Umgang mit Texten und mit der Sprache übertrug und mit der Technik des fließenden Bewusstseinsstroms kombinierte. Das Porträt Madame Cézannes, welches über ihrem Schreibtisch hing, soll sie dazu inspiriert haben, ihre literarischen Porträts, Cézannes kurzem gleichförmigem Pinselstrich folgend, aus sich wiederholenden kurzen Sätzen aufzubauen. Ihr Prosaband »Three Lives« (1909), in dem sie, vor allem in der Erzählung »Melanchtha«, weitere Impulse von Cézannes Abkehr von einer naturalistischen Perspektive verarbeitet, gilt vielen heute als der Beginn der modernen amerikanischen Literatur. Im nächsten Schritt schuf sie mehrschichtige experimentelle Text=Gebilde, in denen sie die Regeln und Verknüpfungstechniken von Zeichensetzung und Grammatik, die für die Herstellung gewohnter Sinnzusammenhänge zuständig sind, teils ausreizt, teils aufhebt, teils verändert. Ab 1910 vollzog sie in ihren Texten auch den Umstieg der modernen Malerei vom Porträt zum Gegenstand, von den Personen zu den Dingen, mit. Zu Recht wird sie bis heute als »Kubistin der Literatur« bezeichnet. So findet sich in ihren Porträts auch die kubistische Methode, das Innere eines Körpers, in rhythmisch angeordnete geometrische Splitter oder Bausteine – Kuben oder *»things«* – zerlegt, nach außen in die Bildfläche zu klappen, wie das auch Braque und Picasso in ihren Darstellungen von MusikerInnen und Instrumenten wie Mandoline und Gitarre tun. In Gertrude Steins erstem Picasso-Porträt von 1909 ist der Künstler nicht mehr als Person zu erkennen, sondern nur noch seine kubistische Malweise: *»This one was working. This one always had been*

Links: Pablo Picasso, »Apfel«, 1914
Rechts: Pablo Picasso, »Der Tisch des Architekten«, 1912

working. This one was always having something that was coming out of this one that was a solid thing, a charming thing, a lovely thing, a perplexing thing, a disconcerting thing, a simple thing, a clear thing, a complicated thing, an interesting thing, a disturbing thing, a repellant thing, a very pretty thing.«

Die im analytischen Kubismus dargestellte, durch rhythmisch-musikalisch auf der Bildfläche angeordnete Kristalle, Fragmente, Linien und Zeichen aufgebrochene Realität, deren zeiträumliches Nacheinander zum simultanen Nebeneinander wird, entspricht den systematisch oder spielerisch demontierten und parataktisch lose neu montierten Wort- und Satzverknüpfungen in Steins Textfläche. Dazu reduziert sie die Auswahl der Wörter und der sprachlichen Mittel, denn sie will die Sprache vereinfachen.

Ihre Spiel- und Bausteine sind und bleiben aber immer die Sätze. Durch Wiederholungen oder Wechsel, Überschneidungen oder Abbrüche von Bezügen wird deren jeweilige Bedeutung und Deutung jedoch an die Grenze zwischen Sinn und Unsinn getrieben. Sätze und Satzfolgen wie in den kubistischen Stillleben »Tender Buttons« (= »Zarte Knöpfe«, 1914) entziehen sich beim Lesen immer wieder dem Gedächtnis, weil das ›Andocken‹ an Verständliches, Bekanntes, oft genau im letzten Moment verhindert wird: *»EINE ZEICHNUNG: Ihre Bedeutung ist total und die beste den Kern zu treffen, die beste ihn zu treffen und die beste jähe Stellen zu zeigen, die beste bitter zu machen, die beste die Länge hoch zu machen und nichts breiter, alles zwischen der Hälfte.«* Ein typisches Gestaltungsmittel besteht in dem scheinbar zufälligen ›Verrutschen‹ eines Adjektivs, oft Farbadjektivs, auf Substantive, zu denen es normalerweise in keinem Sinnbezug steht. Ähnlich

wie die sich verselbstständigende Farbe im Bild verliert das Adjektiv durch diese Abstraktion seinen untergeordneten Charakter und wird zu etwas Eigenständigem: *»Eine rührende weiße glänzende Schärpe, eine rührende weiße grüne Weste und eine rührende weiße bunte Orange und ein rührendes Stück Gummizug plötzlich.«* (aus: »Einer, Carl Van Vechten«, 1913). Wie in kubistischen Materialcollagen erhalten manche Kurztexte durch eine bestimmte Anordnung von Wort-, Satzteil- und Satzwiederholungen eine Form, einen Rhythmus und eine neue Ästhetik, die das Ge=Bilde auch dann zusammenhält, wenn sich der Sinn dem Verstand längst entzogen hat. Das lässt sich konkret nachvollziehen, wenn man die historischen Aufnahmen hört,

in denen Gertrude Stein – wunderschön – ihre Texte vorträgt und klingt, manchmal wie eine leise und sehr langsame Schwester des Rap. Gertrudes wichtigstes Mittel, um den Tempo- und Leistungszwängen der modernen Zivilisation bewusste Verlangsamung entgegenzusetzen, ist die Herstellung einer Form von sprachlicher Zeitlupe durch Wiederholung. Dabei kann eine Art Mantra entstehen wie in dem berühmten Satz aus ihrem 1913 geschriebenen Gedicht »Sacred Emily«: *»Rose is a rose is a rose is a rose«*.

Den Ersten Weltkrieg überstanden Gertrude und Alice teils im Ausland, teils in Frankreich, wo sie für eine amerikanische Hilfsorganisation in ihrem Ford »Aunty« medizinisches Material transportierten. Nach dem Kriegsende strömten neue Gäste aus den USA in ihren Salon: schreibbesessene junge Männer der *Lost Generation* wie T. S. Eliot, Ezra Pound, Sherwood Andersen, Ernest Hemingway. 1933 machte ihre »Autobiography of Alice B. Toclas« Gertrude Stein 1933 mit einem Schlag berühmt, und sie unternahm 1934/35 mit Alice eine erfolgreiche Lesereise durch die USA. 1938 zogen beide mitsamt den Gemälden von der rue de Fleurus in die rue Christine 5. Den Zweiten Weltkrieg überlebten die beiden Jüdinnen auf ihrem Sommersitz in der Region Rhône-Alpes, wo der Bürgermeister sie vor dem Konzentrationslager rettete, indem er sie nicht ins Melderegister eintrug. Ihre Pariser Wohnung mit den Kunstschätzen blieb unversehrt. 1946, ein Jahr nach dem Kriegsende, starb Gertrude Stein an Magenkrebs. Alice lebte weiter in der Wohnung, gab beharr-

Alice B. Toklas und Gertrude Stein im Wohnzimmer der rue de Fleurus Nr. 27, 1922

lich die literarischen Werke ihrer liebsten Freundin heraus, hütete die verbliebenen Gemälde, bis Gertrudes habgierige Nachfahren eines Tages, in Alices Abwesenheit, die gesamte verbliebene Bildersammlung abholen ließen. Als Alice' zurückkam, fand sie an den kahlen Wänden nur noch eine Sammlung heller Flecken vor. Bis ins hohe Alter konnte sie, noch immer eine brillante Erzählerin, ihren Gästen haarklein aus dem Gedächtnis schildern, was auf jedem einzelnen Bild zu sehen gewesen war.

Mit ihren Gemälden, ihrem Salon und ihrer imposanten Persönlichkeit war Gertrude Stein zu ihren Lebzeiten »Kult« gewesen; ihre Texte aber hatte kaum jemand gelesen oder gar verstanden. Die Geschichte ihrer Publikationen liest sich als Serie von Ablehnungen, Verzögerungen und Enttäuschungen. Zwischen der Fertigstellung und Erstveröffentlichung eines Werkes lagen oft Jahrzehnte. Befreundete Journalistinnen wie Margaret Andersen publizierten in bedeutenden Literaturzeitschriften wie der New Yorker »Little Review« regelmäßig ihre Texte, doch sie blieb, wie sie es formulierte, *»die größte Unbekannte der modernen Literatur«*. Umso erfolgreicher verkauften Autoren, die Gertrude ehrfürchtig zu Füßen gesessen hatten, die literarischen Ideen ihrer Lehrerin, publikumswirksam geglättet, als ihre eigenen und verbreiteten dazu noch Gemeinheiten über sie. Gertrude aber, aufgehoben im Kreis ihrer FreundInnen, verwöhnt und verehrt von Alice und finanziell abgesichert durch ihre Gemälde, schrieb weiter, getreu ihrem Satz: *»Es gibt im Leben keine Wiederholung, es gibt nur das Beharren.«* Thornton Wilder, dessen Stück »Unsere kleine Stadt« durch Gertrude Stein inspiriert war, nannte sie die *»Mutter der Moderne«*. Sie selbst resümierte in der ihr eigenen Bescheidenheit: *»Einstein war der schöpferische philosophische Geist des Jahrhunderts, ich bin der schöpferische literarische Geist des Jahrhunderts gewesen.«*

Literatur (Auswahl): Gertrude Stein: Erzählen. Mit einer Einl. v. Thornton Wilder, übertr. v. Ernst Jandl. Frankfurt am Main 1980 | Dies.: Autobiographie von Alice B. Toklas. Übertr. aus dem Amerik. v. Elisabeth Schnack. Leipzig/Weimar 1986 | Dies.: Zarte Knöpfe. Dt. Übertr. v. Marie-Anne Stiebel. Frankfurt am Main 1991 | Dies.: Melanctha. Aus dem Amerik. v. Brigitte Gerlinghoff. Zürich 1996 | Renate Stendhal (Hrsg.): Gertrude Stein. Ein Leben in Bildern und Texten. Zürich 1989 | John Malcom Brinnin: Die dritte Rose. Gertrude Stein und ihre Welt. Frankfurt am Main 1991 | James Lord: Wo die Bilder waren. Gertrude Stein & Alice B. Toklas. In: ders.: Außergewöhnliche Frauen. Sechs Porträts. München 1995 | Waltraud Schwab: Gertrude Stein. In: Sammeln nur um zu besitzen? Berühmte Kunstsammlerinnen von Isabella d' Este bis Peggy Guggenheim. Hrsg. v. Britta Jürs, Berlin 2000 | Gertrude Stein. Entn. wikipedia (en) <http://en.wikipedia.org/wiki/Gertrude_Stein>. Letzter Zugriff: 20.08.2013

REGISTER (AUSWAHL)

BILDNACHWEIS

Gestaltung: Kuni Taguchi; Umschlag: vorne: (v. l. n. r.) Winnaretta Singer-Polignac, siehe S. 102; Amalie Beer, siehe S. 74; George Sand, unsigniertes, undatiertes Porträt, akg/De Agostini Pict. Lib.; Valtesse de La Bigne, siehe S. 110; unten (Hintergrund): Ein Abend mit Schubert in Wien, 1815, Gemälde von Julius Schmid, 1897, Gesellschaft der Musikfreunde, Wien, akg-images/Erich Lessing; hinten: (v. l. n. r.) Caroline Schlegel-Schelling, siehe S. 16; (klein) Marie d'Agoult, siehe S. 50; Berta Zuckerkandl (Szeps), siehe S. 116; Pauline Viardot-Garcia, siehe S. 96

1 siehe S. 129
6 akg-images
16 bpk
17 Handschrift der neunjährigen Caroline Böhmer, in: Gisela Horn: Romantische Frauen (...). Rudolstadt 1996
18 Brief Caroline Schellings, in: Erich Schmidt (Hrsg.): Caroline. Briefe aus der Frühromantik. Leipzig 1913
19 Schreibfeder, 1658, akg-images
20 wissenmedia
21 Scherenschnitt, in: Gisela Horn: Romantische Frauen (...). Rudolstadt 1996
22, 23 akg-images
24/25 bpk
26 Interfoto/Sammlung Rauch
27 Tintenfass und Schreibfedern, 1837–1898, akg-images/Jérôme da Cunha
28 Russisches Museum, St. Petersburg
31 Fine Art Images
32 bpk/The Metropolitan Museum of Art
33 Rachel Barnes
34 akg-images
35 france-voyage
37 »Lelia«, Stahlstich, in: Paul L. Jacob: Galerie des Femmes de George Sand par le Bibliophile Jacob. Vingt-quatre Gravures par H. Robinson d'apres les Tableaux des premiers Artistes, Paris 1843
38 »Sand lauscht Liszt«, Zeichnung, aus: Georges Lubin: George Sand en Berry. Paris 1967
39 Interfoto/Sammlung Rauch
40 Library of Congress Prints and Photographs Division Washington D. C.
41 Salon Natalie Barneys, in: Tony Allan: Americans in Paris. Chicago 1977
43 (li) ullstein bild – Roger-Viollet/Albert Harlingue; (re) ruevisconti
44 Szene aus Greta Schillers: Paris was a Woman, Edition Salzgeber, Berlin 2009
45 Sappho, akg/De Agostini Pict. Lib.
50 bpk/RMN – Grand Palais/Antoine-Samuel
51 akg-images
52 ullstein bild – The Granger Collection
54 Archives Charmet/The Bridgeman Art Library
55 bpk/RMN – Grand Palais
56 ullstein bild – Roger-Viollet/Albert Harlingue
58 Klassik Stiftung Weimar/Inv.-Nr.: KPh/0970
59 bpk/Staatsbibliothek zu Berlin
61 bpk/Otto Gebhardt
62 Klassik Stiftung Weimar/Inv.-Nr.: KHz 1994/00911
64 Dr. Eva Short, Princeton, in: Georg Gimpl: Weil der Boden selbst hier brennt. Aus dem Prager Salon der Berta Fanta. Furth im Wald/Prag 2001
65 Matej Batha
66 www.virtualnipraha.cz
68/69 Felix Pergande
74 Stiftung Stadtmuseum Berlin/Hans-und-Luise-Richter-Stiftung/Hans-Joachim Bartsch, Berlin
75 Stiftung Stadtmuseum Berlin/Hans-und-Luise-Richter-Stiftung/Hans-Joachim Bartsch, Berlin
77 Stiftung Stadtmuseum Berlin/Hans-und-Luise-Richter-Stiftung/Stiftung Stadtmuseum Berlin
78 aus: Juden – Bürger – Berliner. Das Gedächtnis der Familie Beer-Meyerbeer-Richter. Hrsg. v. Sven Kuhrau u. Kurt Winkler. Berlin 2004
79 Stiftung Stadtmuseum Berlin/Hans-und-Luise-Richter-Stiftung/Stiftung Stadtmuseum Berlin
80 Stadtmuseum Bonn
81 Universitäts- und Landesbibliothek Bonn
83 Hammerklavier Erard, 1844, Klassik Stiftung Weimar/Dauerleihgabe Sammlung Beetz
84 Universitäts- und Landesbibliothek Bonn
86 Stadtgeschichtliches Museum Leipzig
88 akg-images
90 Interfoto/SuperStock
91 Interfoto/Karl Thomas
93 (beide) Klassik Stiftung Weimar (li) Inv.-Nr.: LGr/01760/001-097 (re) Inv.-Nr.: LDo
94 akg/De Agostini Pict. Lib.
96 ullstein bild – adoc-photos
97 »Musikalische Matinée im Hause Viardot«, Zeichnung, in: Ute Lange-Brachmann, Joachim Draheim (Hrsg.): Pauline Viardot in Baden-Baden und Karlsruhe. Baden-Baden 1999
98 Karikatur »Chopin und die Sängerin«, in: Ute Lange-Brachmann, Joachim Draheim (Hrsg.): Pauline Viardot in Baden-Baden und Karlsruhe, Baden-Baden 1999
100 ullstein bild – adoc-photos/Anatole Pougnet
102 Library of Congress Prints and Photographs Division Washington D. C.
103 akg-images/The Pasternak Trust
105 Daniel Wilk
110 Apic/Getty Images
113 akg-images
114 bpk/The Metropolitan Museum of Art
116 ÖNB
118 akg-images/Erich Lessing
121 Quittenbaum Kunstauktionen München
122 PSM
123 Museo Comunale d'Arte Moderna, Ascona
125 Artothek
126 PSM
128 Courtesy of The Bancroft Library, University of California, Berkeley
129 David and Barbara Block family archives
130 © Estate of Jacques Lipchitz, courtesy Marlborough Gallery, New York
132 © 2013 Estate of Pablo Picasso/VG Bild-Kunst, Bonn 2013
133 © 2013 Estate of Pablo Picasso/VG Bild-Kunst, Bonn 2013
134 Christie's Images/Artothek/VG Bild-Kunst, Bonn 2013